# スタート 会計学

小栗崇資・森田佳宏 編著

石川祐二・髙野学・北口りえ・李焱・

STAR GUIDE

中央経済社

# ま　え　が　き

　本書は，会計学の初心者のための入門書であり，特に大学での新入生向けの
テキストとして企画されたものです。高校での学習から大学での専門的な学習
に移行するには，それをつなぐ何らかの教育が必要となります。しかしこれま
では，そのような対応はほとんどされず，大学で初めて経験する専門科目のな
じみのなさや難しさに直面してとまどう新入生も多かったと思われます。それ
が大学であり，その壁を乗り越えていくことが学問であるとの考えが伝統的に
存在したといってもよいかもしれません。そうした中で，大学での学習にス
ムースに移行し，高度な専門性を身につけていくうえで，入学年度における初
年次教育の重要性が指摘されるようになってきました。

　多くの大学で，専門科目についてどのような導入教育をすべきかが検討され，
様々な模索がなされていますが，本書もそうした試みの1つです。大学では年
次を経るにつれ，学問の体系や研究の発展に沿って，様々に分化した専門科目
の受講が求められます。会計学についても，簿記から始まり，財務会計，原価
計算，管理会計，経営分析，監査，税務会計などの科目に分かれていきます。
このような科目を受講する際に，それがどのような内容のものであるかを知り，
その科目間の関係をあらかじめ理解しておくことは，会計学を専門的に学習す
るうえで非常に重要となります。

　本書はそうした目的をかなえるために作られました。従来から，会計学入門
のための科目はありましたが，教育内容は担当の教員任せであり，必ずしも多
様な会計科目へのガイダンスとなるものであったわけではありません。本書は，
その意味で新しいタイプの会計学の入門書をめざしており，会計学の教員が
チームを組んで執筆に取り組みました。この1冊の中に，会計の歴史，複式簿
記，会計制度，財務会計，経営分析，原価計算，管理会計，監査，税務会計な
どの入門的な要素を，わかりやすく要約するように努めました。

　各章の最初に学習のポイントがありますが，そこでは「会計とは何か？」の
ように問いかけの形で，要点をつかむことができるようにしてあります。学習
はまず疑問を持つことから始まりますので，自ら問いかけながら本書を読んで

いただきたいと思います。

　本書は2017年の出版に際して，会計学への興味がわくスタートとなり，より専門的な学習へのガイドとなることを期待し，『スタートガイド会計学』という書名をつけました。出版後，幸いなことに本書は各方面でお使いいただくことになり，書名に込めた役割を多少なりとも果たすことができたのではないかと感じています。

　そうした中で初版の成果をふまえて，今回，第2版を刊行する運びとなりました。第2版では新たな執筆者も参加して，時代の変化に対応するべく見直しを行い，内容をバージョンアップしました。特に第5章「会計情報の拡大」を新たな内容に変え，第15章「公会計・非営利会計」を新たな章として加えています。また第11章「原価計算」の全面書き直しや第13章「監査」の大幅加筆修正も行い，そのほかの章でも細かな修正を行っています。こうした第2版が初版と同様に新たな「スタートガイド」となることを願うばかりです。初版でも書きましたが，会計学は社会に出てから大いに役立つ学問です。本書第2版によって将来に向けた良いスタートを切ることができれば幸いです。

　最後に，本書の出版をお引き受けいただいた中央経済社代表取締役社長の山本継氏，および本書の出版をお薦めいただき編集の労をとってくださった長田烈氏に心よりお礼を申し上げます。

2023年1月

執筆者一同

# 目　　次

# 第１章　会計の役割と会計学

<学習のポイント>

1．会計とは何か？

広い意味の会計とは，人間が組織や社会を通じて生きていくのに必要なお金を中心としたやりくりを記録し活用することをいいます。人間にとって会計は不可欠であり，人間は会計なしには生きていけません。

2．収入と支出を知る意味は？

収入に見合った支出をすることが必要であり，収入・支出を知ることで収支を合わせてやりくり（コントロール）することができます。また人間は目的を持って活動していますが，収入・支出が目的にかなったものとなっているかを把握することも重要となります。

3．会計にはどのような種類があるか？

組織の種類によって，「企業会計」，「公企業会計」，「公会計」，「非営利会計」に分類することができます。

4．記録・報告とは何か？

収入・支出を「記録」することから会計は始まり，組織の場合，さらに記録するだけではなく関係者に「報告」をすることが重要になります。報告には外部用と内部用があり，企業会計では「財務会計」と「管理会計」に分けられます。

5．監査とは何か？

組織の会計報告がルールに則って行われ，組織が健全に維持されているかどうかを証拠にもとづいて検証し，組織の関係者に保証を与えるのが監査です。公認会計士が行っている監査には会計監査と内部統制監査があります。

6．会計と税金との関係は？

外部に報告される会計にもとづき税金が徴収されますが，課税の際には税の考え方に即した方法が適用され，会計報告とは別の税務申告書が作成されます。そのような課税のための会計を「税務会計」といいます。

# 1 ┃ 会計とは何か

## (1) 人間は会計人

　人間が動物と区別される点の1つは，人間が言葉を使って活動することにあるとされています。人間は狩猟・採集や農耕・牧畜などによって自分たちの生命を維持し，集団（共同体）を発展させていきましたが，そこでは言葉によって生活が営まれ，共同体が運営されました。一説によれば，言葉の初めから数（かず）があったとされます。狩猟の中で，何頭のシカやイノシシを獲ったか，それをどのように仲間で分け合うかは，生きていくために必要な作業でした。その際，それを表す数が生まれたとされます。

　人間は仲間や社会を作って生きていく社会的動物ともいわれますが，人間が生きていくためには生活と社会を支える衣食住をやりくりしていくことが必要であり，数による管理が不可欠となりました。それが会計の始まりです。

　**会計**とは，人間の生活や社会を数によって支える活動ということができます。人間は「ホモ・エコノミクス（経済人）」であるといわれますが，今述べた点からみれば，人間は「ホモ・アカウンツ（会計人）」であるということができます。

　人間は会計なしには生きていけません。貨幣経済が行き渡り，人間の生活が貨幣の数値によって表されるようになったのが今日の社会です。そうした貨幣数値＝金額の中でも，もっとも身近なものが収入と支出です。個人の場合でも集団の場合でも，必ず収入と支出が合うようにやりくりされているはずです。収入と支出を記録し活用することは，会計の基本となります。

## (2) 収入と支出

　ここで皆さんの生活がどのような**収入**と**支出**（収支）から成り立っているか，考えてみましょう。その際，必要となるのが記録です。個人の収支の場合は小遣い帳であり，家庭の場合は家計簿です。小遣い帳も会計簿も基本的には同じ仕組みから成り立っており，誰でもわかるような簡単な仕方で記録することが

できます。

　小遣い帳を見てみましょう。学生の場合（自宅から離れて暮らす下宿生の例），収入は，家庭からの補助（家庭からの仕送り）と奨学金，アルバイト料が基本になります。支出は，住居費，水道光熱費，食費，交通費，通信費，教養娯楽費，交際費，教育費，被服費，医療・衛生費，貯金などからなります。

　小遣い帳をつけたことがない人でも，財布の中のお金を数えたり，預金通帳の記録を見たりして何となく収支の状態を確認して，毎月の生活をやりくりしているはずです。しかし，自分がどのくらいの収入・支出で生活しているかをはっきりと認識しておくことが必要です。自宅から通学する学生の場合は，食費や住居費などが家庭から補助されているので，見えにくいのですが，それを換算してやはり自分の生活の収支を見ておくことが重要です。

　全国大学生協連の2021年度調査を参考にすると，全国平均の大学生の1カ月の収入と支出は次のようになります。

<table>
<tr><th colspan="2">収　　入</th><th colspan="2">支　　出</th></tr>
<tr><td>仕送り</td><td>71,880円</td><td>住居費</td><td>53,920円</td></tr>
<tr><td>奨学金</td><td>20,380円</td><td>食費</td><td>24,880円</td></tr>
<tr><td>アルバイト料等</td><td>32,780円</td><td>交通費</td><td>3,850円</td></tr>
<tr><td></td><td></td><td>電話代</td><td>3,110円</td></tr>
<tr><td></td><td></td><td>教養娯楽費</td><td>11,760円</td></tr>
<tr><td></td><td></td><td>書籍費</td><td>1,700円</td></tr>
<tr><td></td><td></td><td>勉学費</td><td>1,900円</td></tr>
<tr><td></td><td></td><td>日常費</td><td>7,520円</td></tr>
<tr><td></td><td></td><td>その他</td><td>2,310円</td></tr>
<tr><td></td><td></td><td>貯金・繰越</td><td>14,300円</td></tr>
<tr><td>合　計</td><td>125,040円</td><td>合　計</td><td>125,040円</td></tr>
</table>

図表1-1　大学生の1カ月の収入と支出

（注）1．アルバイト料等は32,780円より多いが，収支を合わせるために調整をしている。

　　　2．本文の項目との違いは次のとおり。
　　　　　住居費に水道光熱費が，教養娯楽費には交際費が含まれている。教育費は書籍費と勉学費（パソコン代，文具代など）に分けて表示してある。日常費の中に被服費や医療・衛生費が含まれている。

　東京・首都圏での学生生活を考えると，住宅事情からさらに住居費を約1万円アップし，収入のアルバイト代に1万円を加えて収支を考えることが必要です。そのため全国平均では約13万円ですが，東京・首都圏では約14万円の収支となります。一方，自宅生の場合は，住居費は不要であり，食費も半分程度で済むと考えられるので，自宅生の収支は下宿生の約半分程度となります。

　下宿生の約14万円の収入・支出は高いと思いますか，低いと思いますか。家庭からの約7万円の毎月の仕送りは一般の家庭にとっては，年間100万円近い学費の支払いとあわせてかなりの負担になるはずです。しかし，食費24,880円を見てみると1日当たりの食費は829円となり，決して高い金額ではありません。勉学に関わる書籍費や勉学費は低い状態が続いています。スマホなどの電話代やサークルやコンパなどにかかる教養娯楽費は上昇傾向にありますが，全体としては切り詰めた収支となっていると思われます。仕送りの不足やかさむ支出を補おうとしてアルバイトに時間をとられ，勉学に支障をきたす学生も多くなっています。

　しかし，学生生活の収支は基本的に大学での勉学を目的としたものです。基本の目的を忘れないためにも，まず自分の生活の収支を見直してみることが必要です。

　このように，人間が生活していくためには，収支のやりくり（コントロール）が重要です。しかもどのような目的をかなえるためのものかという点も含めた収支のコントロールが求められるのです。学生であれば，勉学や能力養成という目的にかなうような収支を目指すことが必要です。

　同じようなことはすべての人間や組織にとっても重要です。特に組織における目的に即して，収支をはじめとする金額を把握し，コントロールすることは，人間社会が円滑に成り立っていくために不可欠なことと考えられます。そうした金額を把握し，コントロールし，関係者にそれを報告することがすべての組織に求められているといえます。それが広義の会計であるといわねばなりません。

## 2 ┃ 会計の種類・役割と会計学

### ⑴　会計の種類

　これから学習する内容は，そうした会計についての考え方（理論という），
仕方（方法という），仕組みやルール（制度という）の基礎についてです。
　会計はすべての組織で使われていますが，組織には様々な種類があります。
どのような会計の種類があるか，組織の種類と関係づけて見てみましょう。

### 図表1-2　組織と会計の種類

|  | 営利組織 | 非営利組織 |
|---|---|---|
| 民間組織 | 企業会計 | 非営利会計（学校，NPO等） |
| 公的組織 | 公企業会計 | 公会計（政府・自治体等） |

　民間組織であり営利組織である企業で行われるのが**企業会計**です。企業会計
は営利を目的とするので，収支だけではなく収益・費用にもとづく利益（運用
成績）の計算が重要となります。それに対して公的ではあるが営利を目的とす
る組織で行われるのが**公企業会計**です。自治体や第3セクターが運営する鉄道
やバスなどの企業（公企業という）で行われています。営利を目的とするので
企業会計によく似た会計となります。
　他方，対極にある公的で非営利の組織は政府や自治体ですが，そこで行われ
るのが**公会計**です。公会計とは財政のことです。財政は主として現金収支のみ
を表す会計となります。しかし，近年では公会計でも，企業会計と同じような
運用成績を示そうとする試みも行われています。
　最後が民間で非営利を目的とする組織ですが，そこには多様な組織がありま
す。その組織ごとに様々な**非営利会計**が行われています。たとえば，「学校法
人会計」，「社会福祉法人会計」，「一般社団法人会計」，「NPO会計」等です（広
く見れば，サークルやスポーツ・親睦・同好組織のすべての会計が含まれま
す）。こうした会計でも近年，企業会計の方法が取り入れられつつあります。

## (2) 会計における記録と報告

　組織における会計では必ず記録と報告が行われるのが特徴です。会計はまず記録から始まり，その後，記録を様々な情報にまとめて関係者に報告がなされます。会計の基礎となる記録は，会計担当を中心に行われます。記録は一般に帳簿をつける形で行われ，帳簿をつけることを簿記といいます（現在では多くがコンピュータによって会計処理ソフトを使って行われます）。

　しかし，単に記録するだけでは，それを組織の安定的な運営のために活用するには十分ではありません。情報の活用のために，組織の運営に関係する人々への報告が行われます。その場合，報告は外部向けと内部向けに分けられます。会計担当のつけた記録はまとめられて，組織の内部でまず報告されます。内部の関係部署の担当者・責任者や全体のトップの責任者に報告がなされることによって，収支がチェックされコントロールされます。また組織には必ず外部の関係者が存在するので，さらに外部に報告され承認を得ることが行われます。

　内部の報告と外部の報告には違いがあります。内部の報告は膨大な記録から作られるので，詳細であり，様々な管理のために役立つような情報としてまとめられる特徴があります。しかし，外部への報告は外部の関係者の求める情報として形づくられるのが一般的です。通常は要約的で，報告書の様式が定められています。なぜならば，外部への報告の場合は，組織運営に関する外部の関係者の承認を得られるようにルールが設定されているからです。その多くは法律や会計基準などのルール（制度）によって定められています。そのような内部と外部の報告のための会計のことを次のようにいいます。

　外部報告会計―財務会計（financial accounting）
　内部報告会計―管理会計（management accounting）

　**外部報告会計**は**財務会計**ともいわれます（特に企業会計において財務会計という名称で呼ばれます）。財務（financial）の元となる用語のファイナンス（finance）は財政・金融とも訳されますが，ここでは資金調達や財務（資金のやりくりのこと）を意味します。組織がどのように資金を調達し運用し，どの

ような財務の状態にあるかを外部関係者に示すのが財務会計です。他方，内部の関係者（経営者や管理者）による管理に関わる**内部報告会計**は**管理会計**と呼ばれます。原価を計算したり予算や利益計画を作るなど，組織の管理に関わる情報を管理会計では報告します。組織は外部の財務会計と内部の管理会計の両方に支えられて運営されているといえます。

## (3)　会計の監査

　組織の運営を首尾よく行い，運営の間違いを防ぐために報告が行われますが，そのためにはさらに監査（かんさ）が必要となります。報告が間違って作成されれば，組織の良好な運営が図れなくなるからです。会計がルール（法令や会計基準，組織の内部規程）に則って行われ，組織が健全に維持されているかどうかを証拠にもとづいて検証し，組織の関係者に保証を与えるのが監査です。

　監査は，経理担当者とは別の担当者によって行われますが，それにあたるのが**監査人**です。監査には広く会計監査と業務監査（組織の業務が適正に行われているかについての監査）があります。会計と業務は密接に関連していますが，本書では会計監査を学習の対象とします。先ほど会計の種類について見ましたが，多くの組織で会計に関して監査が行われています。たとえば，地方公共団体ではその財政などについて監査委員による監査が行われていますし，規模の大きな株式会社や上場会社の会計については**公認会計士**という会計専門家が監査を行っています。

　監査にも**外部監査**と**内部監査**があります。公認会計士による会計監査や内部統制監査は外部監査ですが，組織内部にある監査機関（部門）により会計や業務に関して行われている監査は内部監査です。

## (4)　会計にもとづく税務

　外部に報告される会計にもとづき，必要な場合には税金が徴収（ちょうしゅう）されます。企業会計の利益にもとづいて徴収される**法人税**は，国の税金（国税という）の中の重要な柱の1つとなっています。また，法人税と一緒に徴収される住民税や事業税は，重要な地方の税金（地方税という）の1つです。

　これらの課税の根拠となるのが，会計です。したがって，会計は国や地方自

治体の財政を支える大きな役割を担っています。そのため，会計がルールにもとづき適正に行われているかということは，税務の観点からも重要となります。

　このように，会計にもとづいて課税が行われますが，課税の際には税の考え方に即した方法が適用され，会計報告とは別の**納税申告書**（法人税申告書という）が作成されます。その際，納税者の代わりに税務に関わる業務を行い，申告書を作成する専門家が**税理士**です。この法人税申告書の内容は，いくつかの点で会計とは異なるものとなります。そのような課税のための会計，より具体的には，法人税，法人の所得（課税所得という）を計算するための会計を**税務会計**といいます。

## (5)　本書で学ぶ会計学

　本書では，上で述べた内容を学ぶのが目的です。上記の点を学ぶ学問が広い意味での**会計学**です。前半では，企業会計を中心に会計の理論，方法，制度の基礎を修得し，会計報告（主として企業の財務諸表）の読み方を学びます。また後半では，企業内部で行われる原価計算や管理会計，会計報告が適正なものかどうかを保証する監査，会計にもとづく税務会計，公的部門の公会計や非営利組織の非営利会計について学びます。

　会計学はこのように多様なテーマから成り立っていますが，すべて人間の生活に欠かせないものであることはいうまでもありません。本書を通じてその基礎を身につけ，さらに会計学の学習を発展させていっていただきたいと思います。

# 第2章　会計の歴史

<学習のポイント>

1. 帳簿はいつから始まり広がったのか？

　　紀元前3000年頃の古代メソポタミアでの粘土板による帳簿が最初とされ，くさび形の記号で粘土に刻んで記入されました。その後，エジプトではパピルスに象形文字によって帳簿がつけられ，ギリシア，ローマへと広がっていきました。

2. 複式簿記はいつ誕生したか？

　　13世紀末頃の北イタリアで複式簿記は誕生しました。それまでは単式簿記でしたが，今日の会社のような共同出資事業が発展する中で，利益分配の必要から複式簿記が発明されました。

3. 株式会社はいつ生まれどう発展したのか？

　　オランダやイギリスの東インド会社が最初の株式会社です。しかしその後，株式会社の発展には紆余曲折があり，今日のような株式会社の形が普及するのは会社法が制定される19世紀の半ば以降です。

4. 会計はいつ生まれたのか？

　　株式会社の普及の中で，株主への報告のために，帳簿とは別の財務諸表が作られるようになったことで，簿記の段階から会計の段階へと発展しました。

5. 証券市場はいつ生まれたのか？

　　今日のような証券市場は20世紀初頭からアメリカで発展しましたが，世界大恐慌の後，証券取引法によって規制されるようになり，会計はさらに重要な役割を果たすようになりました。

# 1 │ 古代・中世の会計

## (1) 重視された古代の会計

　第1章で，広い意味の会計とは人間の生活や社会を数値によって支える活動のことをいうと述べました。そうした活動は何らかの帳簿という形で歴史的に残されています。

　一番古いのは紀元前3000年頃からの古代メソポタミアにおける粘土板です。穀物や家畜の在庫の記録が主な役割ですが，粘土板にくさび形の記号を刻む楔形文字が使われました。バビロニアのハンムラビ法典（紀元前1800年頃）には，帳簿の記入の仕方を定めた会計の原則が書かれていたとされています。

　古代エジプトでも，パピルスや粘土板に王家や貴族の財産管理の記録がなされました。学校では簿記の仕方が教えられていたようです。記録によって値段を計算し，ビールやパンの料金表も作られたとされています。

　その後の古代ギリシアでは，さらに会計が重要となりました。アテネでは歴史上はじめての民主主義的な統治が市民によって行われましたが，選出された統治者は国庫（国の財政）を帳簿に記録し，監査を受けなければならないとされました。官僚や裁判官，神殿の神官に至るまで会計報告が義務づけられました。古代ギリシアの哲学者アリストテレスは，著作の中で会計報告に関する監査について書いています。エコノミクス（経済）の語源はアリストテレスの「オイコノミカ」からきていますが，その言葉は当初は国家財政の運営だけでなく，家計のやりくりも含んでいたようです。つまり家庭での会計の重要性を意味していました。

　古代ローマでは，約1000年（紀元前500年頃から476年西ローマ帝国滅亡まで）にわたって，ローマ共和国およびローマ帝国が築かれましたが，帝国の維持・発展に会計はより一層，重要な役割を果たしました。貴族には家計簿の記録が義務づけられ，国家には重要な役職として財務官が置かれました。最初の皇帝アウグストゥスは国庫の会計を改善・整備し，帝国の財政や軍隊の収支，建設工事の資金繰りまで記録したとされています。皇帝の帳簿を公開する伝統

も始まり，国家財政を公的に管理する習慣が続きました。

　しかしその後，皇帝が国家財政を私的に管理するようになり，やがてローマ帝国が衰退していく中で，教会や地方豪族がそれぞれの領域を統治するようになると，こうした会計の伝統は衰退したかのようになります。

## (2)　停滞する中世の会計

　西ローマ帝国崩壊後，各地の領土分割により王国や領国が割拠する中世ヨーロッパの段階になると，キリスト教による支配が貫かれ，農業中心の停滞した状態が生まれました。経済や科学技術の発展へのブレーキがかかったこともあって，会計の技術の発展はほとんど見られませんでした。古代ローマまでは盛んに帳簿がつけられていましたが，中世では文字や数字の教育が衰退し，帳簿をつける能力が衰えたともいわれています。

　当時の数字がローマ数字であったことも会計の発展を遅らせました。たとえばローマ数字では，1→I，5→V，10→X，50→L，100→C，1000→Mとなるので，1158は「MCLVIII」となります。額が大きくなればなるほど，複雑な記号の羅列となっていきます。

　今日の監査（audit）という言葉がイギリス（イングランド）で12世紀頃生まれますが，このauditは「聴く」という意味からきています。それは文字や数字の読めない領主が聴いて内容を確認したことに由来しています。会計は王国や領国の運営にとってますます重要となっていたはずですが，文字や数字のわかる一部の官僚によってのみ行われる状態でした。しかもそのほとんどが財政の管理に終始しており，かなりずさんなものであったようです。

# 2 ｜ 複式簿記の誕生

## (1)　北イタリアでの新たな試み

　そうしたヨーロッパの中で唯一，商業が発達し豊かな経済を生みだしたのが，12世紀以降の北イタリア地域（フィレンツェ，ヴェネツィアなど）の都市国家でした。君主制ではなく，地中海貿易により富をたくわえた商人貴族が都市国

家を運営したこともあって，様々な新たな試みがなされました。当時もっとも
科学技術の先端にあったアラブ地方の科学や文化を積極的に受け入れたことも
発展の源泉となりました。

　共同出資会社や銀行の仕組みも北イタリアで生まれました。会社（カンパ
ニー）は「コンパーニア」（パンを一緒に食べる仲間の意味），銀行（バンク）
は「バンコ」（金貸しの机の意味）が語源となっていることにも示されます。

　1202年には，天才ダヴィンチと並ぶもう1人のレオナルドと呼ばれるレオナ
ルド・フィボナッチが『算盤の書』を書き，アラビア数字による算盤の方法や
数学について広めました。**アラビア数字**の導入は経済や科学の発展にとって画
期的なものとなりました。ゼロの概念と位取りの方法を大きな特徴としていま
す。このアラビア数字によってその後の科学技術は発展しましたが，現代社会
はアラビア数字によって成り立っているといっても過言ではありません。

## (2)　単式簿記から複式簿記へ

　そうした北イタリアの地域で発明されたのが，複式簿記です。

　複式簿記では，現金の収支を中心に財産管理を主な役割としていた単式簿記
にはできなかった利益の計算が可能となりました。それまでは国家財政の記
録・計算や，家族・同族の事業の記録・計算であったので，とくに利益の計算
を必要としませんでした。現金の収入・支出をやりくりし，財産を管理してい
ればよかったからです。

　**単式簿記**とはごく簡単にいえば，現金の収入・支出や財物の増減を記録する
方法のことを指します。現金や財物，つまり財産の増加（入る）と減少（出
る）を記録する帳簿方法のことです。当時は数学の記号のプラス（＋），マイ
ナス（－）が知られていないので，左に増加（入る），右に減少（出る）が記
録されました。財産という1種類の単位の入りと出，増加と減少だけを記録す
るので単式といいます。

| 財産（現金や財物） | |
|---|---|
| 増加（入る） | 減少（出る） |

　しかし，共同出資会社の前身となる期間組合（一定期間，複数出資者により運営される事業体）が作られるようになると，出資者の出資したお金（資本という）を維持し，それを元手に得た利益を，出資額に応じて出資者に分配する必要が生まれました。そのために，それまでは現金をはじめとする財産の増減を記録すれば済んでいたのですが，出資金の記録と分配する利益の計算を帳簿で行わなければならなくなりました。それを可能としたのが複式簿記です。

## (3)　複式簿記の仕組み

　複式簿記は**財産**の増加・減少だけでなく**出資金**などの増減も二重に記録する方法のことをいいます。性格の異なる2種類の単位において二重に記録することから始まり，企業の活動を常に二面的に捉えることから複式と呼ばれるようになりました。この記録・計算の単位のことを勘定といいます。勘定は当初は人を表しており，左側が「借りる」を意味し，右側は「貸す」を意味していました。お金の貸し借りはトラブルになりやすいので，図のように帳簿の中に貸し借りをする相手のページを作り，左を**借方**，右を**貸方**と呼んだのです。

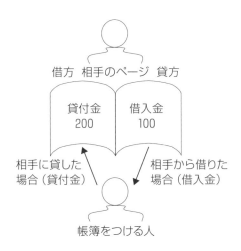

借方　相手のページ　貸方

貸付金
200　　　借入金
100

相手に貸した
場合（貸付金）　　　相手から借りた
場合（借入金）

帳簿をつける人

　後には，勘定は，見開きの帳簿のページごとに現金や商品，備品，出資金などの増減を左右に記録・計算する単位を表すようになりました。
　勘定においては左右を区分するためにT字を使いますが，これは複式簿記が

誕生したとき，図のように帳簿のページを開いた形で左右に記録が行われたことから生まれたとされています（T字の横棒はページの上の線，縦棒はページの左右を分ける縦の線を意味しています）。

複式簿記は，性格の異なる2種類の単位の間での記録から生まれました。経営にあたる人を意味する現金をはじめとする財産の勘定と，出資する人を意味する出資金の勘定との間での二重の記録です。

この場合，2つの勘定は増加と減少がお互いに逆になっています。図のように出資者が出資し，経営者側が現金を受け取った場合，経営者にとっては現金が入って増加する形（出資者から借りた形）になり，出資者にとっては出資金を出す形（経営者に貸した形）になりました。その結果，経営者側では左が増加ですが，出資者側では右が増加を意味するものとなりました。左がプラスとなる勘定に加えて，右がプラスとなる勘定が誕生したわけです。

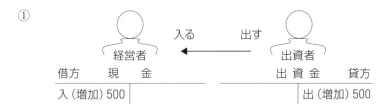

この関係は①のように現金の左側に500，出資金の右側に500として表されるので，それを帳簿として示すと②のような1行の記録となります。

② （借方）現　　　　　金　　500　／　（貸方）出　資　金　　　500

①の勘定ごとの記録がもっとも重要なのですが，各勘定に間違いなく記入す

るために，②の記録が必要とされるようになりました。②の記録を仕訳（しわけ）といいます。したがって記録の順番は②→①となります。

## (4)　複式簿記による利益の計算

このように性格の違う（左右の増減が逆となる）勘定をそれぞれに記録するようになったのが複式簿記の始まりです。現金の増減だけでなく，出資金の増減も同時に（二重に）記録するので二重記入（double entry）簿記，すなわち複式簿記と呼ばれるようになりました。そしてこの二重記入によって利益の計算も可能となりました。

たとえば，企業の中の現金などの財産が増加した場合（サービスに対する手数料を受け取った場合）は，現金の増加の記録だけでなく，現金の増加を生んだ要因についても二重に記録します。この例では，手数料を現金で受け取ったので，左に現金の増加100を，右にそれをもたらした受取手数料の発生100を記録しています。仕訳によって取引を示してから，各勘定に記入していくというのが複式簿記の手順です。

このように財産が商品販売やサービス提供などで増えた場合，その純増分は利益と呼ばれます。このほかに商品販売の利益100や受取利息100により現金の増加があった場合，利益は合計で300となります。現金収支だけではこの利益300は計算できません。現金の増減は，お金を借りても生じるからです。つまり現金の収支や増減だけではわからなかった，企業に生じる財産の純増分を利益として捉えることが複式簿記によって可能となったわけです。

このような複式簿記の方法は1200年代から1400年代にかけて，フィレンツェやヴェネツィア，ジェノヴァの商人の間で自然に形成されました。それは奇跡といってもよいかもしれません。なぜならば，ここで誕生した複式簿記は，そ

の後，800年にわたり今日まで使われる経営の技術となっているからです（そして将来にも使われることでしょう）。そして，1494年には修道士であり数学者でもあったルカ・パチオリによって『スンマ』という数学の本が出版され，その中で歴史的にはじめて複式簿記について記述されました。この本がきっかけとなって複式簿記は世界に広まっていきました。

　人間は複式簿記の方法を発明したことによって，その後の経済を発展させたといっても過言ではありません。その仕組みについて詳しくは第3章で学習します。ぜひ皆さんも人類の叡智の結晶である複式簿記を身につけてほしいと思います。

## 3 ｜ 株式会社と会計の誕生

### (1)　株式会社の形成

　複式簿記は北イタリアで誕生した後，経済の発展に伴って，オランダ，ドイツ，イギリスへと広がっていき，ヨーロッパの多くの商人が行うようになっていきました。

　世界に普及した複式簿記はその後，株式会社の発展の中で，**会計**へと進化していきました。会計への進化には**株式会社**の発展が深く関わっています。

　株式会社の前身の共同出資会社（コンパーニア）はイタリアのフィレンツェで生まれ，会社形態が少しずつ広まっていき，やがて株式会社が生まれました。世界で最初の株式会社は，1600年のイギリスにおける東インド会社および1602年のオランダにおける東インド会社といわれています。株主の出資による**有限責任制**（責任範囲を出資に限定するという制度）の会社ですが，当時はまだ王の特許状により認められる特別の会社でした。鎖国状態にあった江戸時代，長崎の出島に交易で出入りしていたのがオランダの東インド会社です。同名の会社はフランスやスウェーデン，デンマークでも設立されアジアへの進出の担い手となりました。

　これを機に，株式会社形態が広まりはじめ，1700年代になるとフランスとイギリスで株式会社の大ブームが起きました。1720年頃の同じ時期に，フランス

ではミシシッピー会社，イギリスでは南海会社の株式が人気を博しました。ミシシッピー会社は北アメリカの開発を目的とする会社でしたが，金の採掘や貿易の独占への期待が高まり，株価が高騰しました。南海会社は南アメリカの開発を目的とする会社で，貿易の独占権を得て金山・銀山の開発などをめざそうとしたことで，やはり株価が急騰しました。

　しかし，いずれも詐欺同然でほとんど実体がなく，株価のバブルはまたたく間にはじけてしまいました。国も関わっていたこともあって，フランスは国家の破産状態となりました。イギリスではイングランド銀行に南海会社の債務を肩代わりさせるなどして，かろうじて破産は免れましたが，国民の間での株式会社への不信は高まる一方でした。1720年には泡沫会社禁止条例が制定されました。英語でBubble Actといいますが，バブルという言葉はここから生まれたとされています。

### (2)　株式会社制度と会計制度

　この泡沫会社禁止条例は，危険なものとして株式会社の設立を禁じる法律でした。その後，約100年にわたってこの法律が続きました。今日では当たり前な存在の株式会社ですが，株式会社が信用を得て社会で活用されるようになるまでには長い時間が必要であったといえます。1800年代になってようやく株式会社は社会に受け入れられるようになります。1825年に泡沫条例廃止法が制定されたことで，株式会社形態は一般に普及することになりました。イギリスの産業革命が進む中で，大規模な投資の必要な運河会社や鉄道会社が株式会社形態を必要としていたからでもあります。

　そうしたイギリスで株式会社に関する法律が作られるに至りました。1844年の「会社登記法」がその最初です。そこではじめて，準則主義（法律に則れば許可を求めずに誰でも会社を設立できるという考え方）による有限責任にもとづく株式会社の設立が認められましたが，重要な点は株式会社に対して，財務諸表の1つである貸借対照表の作成と開示が義務づけられたことです。そして1856年の「株式会社法」では，貸借対照表の様式が示されました。その後には，損益計算書も求められるようになります。

　株式会社に関する法律は国によって，会社法という名称が使われたり，商法

という名称が使われたりしますが，会社を規制する法律という点では同じ役割
を果たしています。

　株式会社が法律によって規制されることを株式会社制度といいますが，その
制度の一環に**財務諸表**が組み込まれるようになりました。財務諸表とは，簿記
とは別の形で，帳簿を要約して作られる一覧表のことをいい，基本的には貸借
対照表と損益計算書からなっています。財務諸表が法的に規制されることを財
務諸表制度といいますが，株式会社制度の一般化にともなって会計も会計制度
となったということができます。これを機に，それまでの記録を基本とする複
式簿記の段階から，財務諸表を会社の利害関係者に報告する会計の段階に進化
していったといわねばなりません。今日ではすべての株式会社は株主や債権者
への財務諸表の報告が義務づけられています。

### (3)　株式会社の仕組みと会計の必要性

　なぜ株式会社に会計の報告が不可欠なのでしょうか。それには株式会社の仕
組みが大きく関係しています。

　株式会社は，株主たちがお金（出資金）を出しあって作られますが，そのお
金は株主に永遠に戻されることはありません（会社の中では資本金として維持
されます）。株主は自分にお金が戻ってこないことを承知で出資し，**株券（株
式）**を入手します。しかし，その見返りとして，配当という形で利益の配分を
受けることができます。

　それはちょうど，銀行に預金して利息を得るのと同じです。銀行の場合は，
預金した時に利息が何パーセントか確定していますが，会社の場合の配当はそ
の時々に会社が生みだした利益にもとづいて増減します。その際，株主は会社
からの利益に関する報告を必要とします。どのように経営が行われ，いくらの
利益が生じたのかを知って，はじめて納得できるからです。株主はお金を会社
に提供してその運用を任せてはいますが，お金を提供した引き換えに常にお金
がどのように運用されているかを知りたいわけです。

　また，株主は出資したお金を別の形で取り戻すことも可能です。それは図の
ようにその会社の株主になりたいと思う人に株券を売却することでお金を得る
ことができます。ただし，その場合，株価が上がっているか下がっているかで，

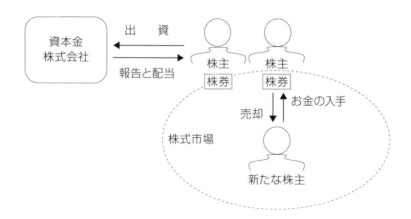

出資したお金を全額取り戻せるかどうかが決まっています。そのような株券の売買を可能とするのが**株式市場**です。株式市場で株式を売買するうえでも会社の報告が求められます。会社の経営内容や利益の額が株価を左右するので，株価が市場で決まるには会社の報告が必要となるからです。

　このように株式会社が社会的に認められ運用されていくには，会計に関する報告が必ず必要となります。今日では会計の重要性はさらに高まってきています。

# 4 ┃ 証券市場と会計のディスクロージャー

## (1)　証券市場とは何か

　当初は株式の売買がされていた株式市場で，やがて社債や国債などの債券も売買されるようになります。株式，社債，国債などは総称して**有価証券**と呼ばれることから，市場も**証券市場**と呼ばれるようになりました。株式会社が本格的に形成された19世紀後半から証券市場も発展しはじめました。20世紀初頭には今日のような大企業も誕生します。そうした大企業の株式や社債を売買する証券市場は特にアメリカで大きく発展しました。

　1920年代には，株式の大ブームが1720年頃のように訪れ大きくバブルが膨らみましたが，1929年には株価が大暴落し世界大恐慌に見舞われました。この大

恐慌は第2次世界大戦の引き金になったともいわれる世界史的な大事件でした。それまでは，企業と市場任せになっていた証券取引の仕方や会計報告のあり方についての見直しがこれを機に行われ，1933・34年にはニューディール政策の一環として世界ではじめて証券取引法がアメリカで制定されました。

## (2) 証券取引法における会計

それまで会社法や商法によって会計が規制されていましたが，証券取引法においてはさらに一段と詳しい会計のルールが作成されるようになりました。証券取引法の下で作られた会計ルールの設定方式は，その後大きな影響を及ぼし，今日では国際会計基準の設定にもつながっています。

証券取引法は戦後の日本にも持ちこまれ，戦前からの商法とともに日本の会計を形作ってきました。

会社法や商法では，株主や債権者への報告が利益分配のために重要となることはすでに述べましたが，証券取引法では証券市場の投資家へ向けての報告が重視されます。そこでは利益分配のためというよりも株価の適切な形成による証券市場の円滑な運営が主眼とされます。

証券取引法では，株式の売買に必要な会計情報のディスクロージャー（開示）が求められます。証券取引のためには公正，公平な投資情報としての会計情報が必要とされます。そのために，会計情報は公認会計士による監査によって，適正な内容であることが保証されなければならないとされています。会計情報の良し悪しが一国の経済どころか世界の経済を左右するような段階になったということができます。

このような会計の歴史を見ると，いかに会計が人間の社会に深くかかわってきたか，その重要性がいかに増してきているかがわかります。こうした歴史の過程では，会計不正による大事件が，時々の政府や経済に大きなダメージを与えることもしばしば生じています。そうした事件が起きるたびに会計のルールがより明確なものとなってきています。会計の歴史を学ぶことによって，会計の重要性を理解することができるといってもよいでしょう。

# 第3章　簿記と会計の仕組み

<学習のポイント>
1. 簿記と会計の関係とは？

　　複式簿記によって作られる帳簿は会計情報のデータベースのようなものであり，その帳簿を要約して会計情報を見やすい一覧表にしてまとめたものが財務諸表です。複式簿記は企業活動を認識するための世界共通の方法ですが，財務諸表の作成には法律や会計ルールが必要になります。

2. 複式簿記とは何か？　その仕組みは？

　　複式簿記とは，性格の異なる勘定に二重に記入することから始まり，企業活動を二面的に記録することにより，企業活動を認識することができるようになった帳簿の方法をいいます。資産，負債，資本，費用，収益の5つの勘定の間で二面的に記録する仕組みによって，財政状態と経営成績を把握することができるようになりました。

3. 財務諸表とは何か？　その仕組みは？

　　複式簿記の記録をまとめることによって作られる貸借対照表と損益計算書を基本的な財務諸表と呼びます。資産・負債・資本から作られるのが貸借対照表で，費用・収益から作られるのが損益計算書です。

## 1 ｜ 複式簿記と会計の関係

　第1章で，記録のために帳簿をつけることを簿記と呼ぶと述べました。第2章で，簿記が単式簿記から複式簿記へと発展し，やがて財務諸表を利害関係者に示す会計の段階に至った歴史をたどりました。この章では，主として「複式簿記」と「会計」の仕組みについて述べたいと思います。

## (1) 簿記から会計への発展

**複式簿記**とは，企業活動を認識可能にし会計情報にするための独特の記録法のことです。複式簿記によって作られる帳簿は会計情報のデータベースのようなものであり，その帳簿を要約して会計情報を見やすい一覧表にしてまとめたものが**財務諸表**です。

複式簿記は，すでに述べたように，今から約800年前にイタリアで誕生しましたが，財務諸表が作られるようになったのは，株式会社が普及しはじめた19世紀半ば以降のことです。財務諸表が作られる前は，事業の規模も小さく出資者も少数であったことから，帳簿を関係者に見せることで済んでいました。しかし，多くの出資者（株主）からなる株式会社が生まれ，帳簿の閲覧<sup>えつらん</sup>をすることが難しくなったことから，財務諸表を作ることが要請されるようになりました。財務諸表が作られ，企業から外部の関係者への報告という形がとられるようになった段階を**会計**といいます。

株式会社は株主の出資（資金提供）によって作られますが，当初は会社に投じられた資金を詐欺まがいに乱用する会社も多かったことから，会社法などによって制度的に規制することが求められました。株式会社は法律にもとづき設立され運営されることによって，初めて社会に受け入れられるものとなったのです。株式会社は株式会社制度の中で成り立っているといえます。同様に株式会社とともに生まれた財務諸表も次第に制度的に規制されるようになっていきました。今日では財務諸表は，**会計制度**（法や会計基準等）にもとづき作成されるに至っています。

## (2) 簿記と会計の関係

図表3−1は，企業活動が複式簿記によって帳簿に記録され，さらに帳簿から法や会計基準にもとづき財務諸表として作成される過程を示したものです。

図表3−1 簿記（帳簿）と会計（財務諸表）の関係

企業活動 ——→ 帳簿 ——→ 財務諸表
　　　複式簿記　　　法や会計基準

　まず企業活動が複式簿記という独特の方法によって認識され帳簿が作成されますが，この複式簿記の方法は法律などによって定められたものではありません。商人の経験から長い期間をかけて誕生した複式簿記は，世界共通に認められた計算技術のような存在となっています。

　その帳簿にもとづいて財務諸表が作成されますが，その際には経営者の意図が入りやすく，場合によっては恣意的に作られることも多いといえます。すなわち財務諸表は，作成の仕方によって異なる利益額や財産額となることがありえるのです。粉飾などの会計不正はそうした財務諸表の性質を悪用したものです。

　恣意的な財務諸表や粉飾が横行すれば，経済秩序の混乱につながりかねないことから，次第に財務諸表への規制が行われるようになり，現在に至っています。したがって財務諸表の作成方法については，会計に関するルール（法や会計基準）によって定められています。その点については第 4 章で学習することになっています。

## 2 ｜ 複式簿記とは何か

### ⑴　複式簿記における勘定の特徴

　それでは複式簿記の仕組みを簡単に見てみましょう。

　複式簿記の複式とは，第 2 章で述べたように，当初は性格の異なる勘定に二重に記入することから始まり，企業活動を二面的に記録することをいいます。企業は現金をはじめとする様々な財産を保有していますが，財産を表示するだけでは不十分です。なぜならば企業の財産は誰からの資金によるものか，どのように利益が生まれたかについての情報が必要となるからです。

　やがて 2 つの勘定間で二重に記入する仕方は，すべての勘定の間での二面的に記入する方式として発展していきました。そして，現在では，資産，負債，資本，費用，収益の 5 つの勘定グループの間での二面的な記入を通じて，企業の活動を表すことができるようになっています。

　資産，負債，資本，費用，収益の勘定とはどのようなものでしょうか。

　財産を表す勘定を資産，資金の出所を表す勘定を負債，資本といいます。また利益を示すために，企業が払ったものを表す勘定を費用，企業が受け取ったものを示す勘定を収益といいます。資産と費用は，増加や発生を示す借方（左側）をベースとする勘定であり，負債・資本・収益は，増加や発生を示す貸方（右側）をベースとする勘定です。

　複式簿記における勘定は，当初は人間を表すものであったことを第2章で見ましたが，借方をベースとする勘定は，企業経営側を示し，入ってきた現金，商品や備品などの財産がどのように経営に運用・費消されるかを左側で表します。貸方をベースとする勘定は，企業に提供された資金と，その資金運用により企業が獲得した資金の増加を右側で表します。

　複式簿記は，この5つの勘定のグループを組み合わせながら，相互間の増減や発生を二面的に記録していきます。

| 資　産 | | 負　債 | |
|---|---|---|---|
| 増加 | 減少 | 減少 | 増加 |
| 資産は，財産を表し，具体的には現金，商品，備品，建物などの勘定で構成される | | 負債は，企業に貸し付けられる資金の出所を表し，借入金，社債などの勘定で構成される | |
| | | 資　本 | |
| | | 減少 | 増加 |
| | | 資本は，企業に出資され供給される資金の出所を表し，資本金，資本準備金，任意積立金などの勘定で構成される | |
| 費　用 | | 収　益 | |
| 発生 | | | 発生 |
| 費用は，利益を生むために使われる払出分を表し，仕入，給料，支払家賃などの勘定で構成される | | 収益は，利益を得るための受取分を表し，売上，受取利息，受取手数料などの勘定で構成される | |

## (2)　複式簿記による記録

　複式簿記では，先に述べたように現金という財産がいくらあるかだけでなく，その資金がいくらの資本金として誰から投入されたものであるかということが記録されます。同じ資金が「運用される企業財産」という側面と「企業に出資された資本金」という側面とに二重に記録されるのです。たとえば，500万円というお金が資本金として企業に供給され，それが現金という姿で保有されることを示すために，次のように左右に二面的に記入されます。

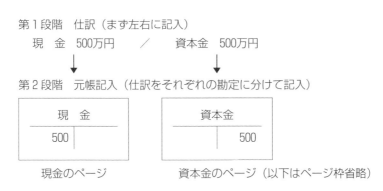

第1段階　仕訳（まず左右に記入）
　　現　金　500万円　　／　　資本金　500万円

第2段階　元帳記入（仕訳をそれぞれの勘定に分けて記入）

|   現　金   |   資本金   |
|---|---|
| 500 | 500 |

　　現金のページ　　　　　資本金のページ（以下はページ枠省略）

　複式簿記の帳簿では各ページごとに異なった勘定が記録されますが，この勘定が集まった帳簿を元帳（もとちょう）といいます。この例では元帳の中の現金のページに500万円，資本金のページに500万円が記入されます。この500万円という資金を現金と資本金の勘定にそれぞれ記入することが，複式簿記の基本となります。しかし，各ページの勘定にいきなり記入すると間違い（記入漏れなど）が起きやすいので，上のようにまず左右に並べて記録してから，各ページの勘定に記入し直す仕方が行われます。第1段階で左右に並べる記入を仕訳，第2段階での各勘定のページへの記入を元帳記入（正式には転記（てんき））といいます。

　同じように，500万円を銀行から借りた場合は次のようになります。左の現金は同じですが，右側は借りたお金なので借入金として記録されます。

＊資本金からの500の次に借入金からの500が記録される

　複式簿記では，左右（借方・貸方）を決める規則が重要となります。企業の財産（資産という）の場合は，左側の借方が増加，右側の貸方が減少となります。借金など（負債という）の場合は，将来的に財産を減らす項目なので，財産とは逆に，左側が減少，右側が増加となります。資金の出資（資本という）の場合も，左側が減少，右側が増加となります。

　たとえば，現金の一部を備品（事務所の机やパソコンなど）に換えた場合は次のようになります。左側は備品という財産の増加を示し，右側は現金という財産の減少を示しています。

　また，資金を殖やすために金融投資として国債（有価証券という）を100万円買ったとすれば次のようになります。

# 3 ┃ 財務諸表とは何か

## (1)　貸借対照表の作成

　次に複式簿記の記録をもとに財務諸表を作成してみましょう。財務諸表は基本的に貸借対照表と損益計算書からなっています。**貸借対照表**は財産の状態や資金の出所を示す計算表であり，**損益計算書**は利益の状況を示す計算表です。まず先に示した勘定を1つにまとめると，次のような簡単な貸借対照表ができあがります（左右は同じ金額となる）。左側が資産を示し，右側が負債と資本を示す形となります。

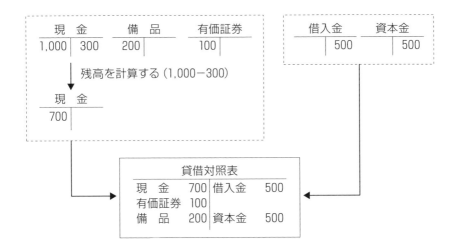

## (2)　損益計算書の作成

　次に，この会社がIT関係のソフトを制作する企業であるとして，ソフト制作をする従業員と営業を行う従業員を雇い，ソフト販売で収益をあげる事例を見てみましょう。手元の現金を，給料と営業費とに換え，そうした費用（原価という）を上回る収益（売上高）をソフトの販売であげたとします。そうした費用と収益の関係から利益が計算されますが，それを表すのが損益計算書です。

　損益計算書は現金などの財産が増減した要因を説明する計算書として作られます。左側が費用を示し，右側が収益を示す形となります。収益と費用の差額が利益となりますが，左右を同じにするのが複式簿記の仕方なので，左側に利益が表示されることになります。

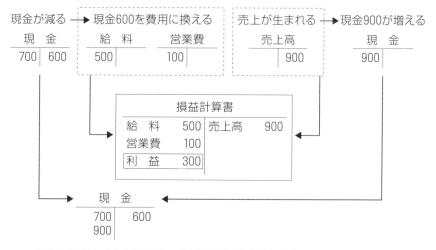

＊現金は600減って，900増えたので300増の1,000となる。

　そして損益計算書に対応した貸借対照表を作ると次のようになります。最初の貸借対照表と比べて，左側の資産（現金）が300増えているので，その分，利益が生まれたことになります。

| 貸借対照表 | | | |
|---|---|---|---|
| 現　金 | 1,000 | 借入金 | 500 |
| 有価証券 | 100 | 資本金 | 500 |
| 備　品 | 200 | 利　益 | 300 |

　こうして損益計算書で計算された利益は，貸借対照表においても表示されますが，これは損益計算書と貸借対照表とが連携しているからにほかなりません。複式簿記によって帳簿が記録され，そこから損益計算書と貸借対照表が作られ

る仕組みはこのように要約されます。

　こうした財務諸表は基本的に 1 年ごとに作成され報告されます。期間を区切って利益を計算することを**期間損益計算**といいますが，財務諸表は 1 年間の企業活動の結果（成果）を表す役割を担っているのです。

# 第4章　会計の制度

<学習のポイント>

1．法律と会計ルールの関係は？

　　会計ルールの基礎には法律があり，法律の違いによって2つの異なるタイプの会計が形成されてきました。商法や会社法にもとづく会計と証券取引法にもとづく会計です。2つのタイプは，会計ルールの形態や適用の仕方，目的や対象などに大きな違いがあります。

2．日本の会計ルールのタイプは何か？

　　日本では第2次世界大戦後，戦前からあった商法会計に加えて証券取引法会計が導入され，2つのタイプの会計が二重に存在する状態が作られました。証券取引法会計は日本の会計の近代化をもたらしましたが，しばらくして，商法会計優位の状態となりました。しかし，2000年代に入ると商法が会社法に，証券取引法が金融商品取引法に変わり，その関係は大きく変化しました。

3．会社法会計と金融商品取引法会計はどう変化したか？

　　商法会計の優位はグローバリゼーションの圧力の中で崩れ，会社法が会計を金融商品取引法会計にゆだねる形へと変化しました。また金融商品取引法会計は，国際会計基準の影響を受けることとなり，会計ルール（会計基準）の設定も民間組織で行われるようになりました。

4．日本の会計制度とは何か？

　　現在の日本では，会社法会計と金融商品取引法会計，およびそれに税務会計を加えた3つの会計が併存しています。会社法会計では計算書類が株主あてに作られ，金融商品取引法では財務諸表が不特定の投資家向けに作られます。税務会計では会社法会計による決算を基礎に確定決算主義により税務申告書が作られます。

# 1 法律と会計ルール

## (1) 会計ルールの2つのタイプ

複式簿記の記録中心の段階から財務諸表により報告が行われる会計の段階に移行すると，財務諸表の作成や開示の仕方について会計ルールが必要になってきたことについては第3章で学習しました。

会計ルールが，誰によって，どのように作られ，どのような形で適用されるかが重要な点となります。その会計ルールの基礎をなすのは法律です。会計ルールのあり方には，法律の違いによって2つのタイプが形成されてきました。1つは**商法**や**会社法**にもとづく会計ルールであり，もう1つは**証券取引法**にもとづく会計ルールです。

商法・会社法と証券取引法の会計ルールには次のような特徴があります。

図表4-1 会計のルール

| | 商法・会社法 | 証券取引法 |
|---|---|---|
| 会計ルールの設定 | 政府・議会が設定 | 民間組織が設定<br>（設定権限を国から委譲） |
| 会計ルールの形態 | 法律（規則）の形態 | 規範（会計基準）の形態 |
| 会計ルールの適用 | 法律として強制適用 | 法律の支援により適用 |
| 会計ルールの目的 | 債権者保護，利益分配 | 投資家保護，情報開示 |
| 会計ルールの対象 | 株式会社 | 上場会社 |

商法・会社法は，すでに述べたように，株式会社の制度化とともに会計の規定を法律に導入しました（商法や会社法の名称は国によって異なります）。会社の利害関係者の利害を調整し保護するために必要であったからです。法律なので国（政府・議会）によって設定され，法律や規則の形態で強制的に適用されます。トラブルを生じないためには，明確な法律やその下の規則で会計ルールが定められているといえます。その目的は，**債権者**（会社にお金を貸している人）を保護し，その人たちを安心させるために，会社の中に資金を維持させ

ることにあります。また株主への利益分配に一定のルールを定めることにあります。

　他方，証券取引法はアメリカで生まれた証券市場のための法律です。その目的は，投資家を保護し，証券市場が円滑に機能するために適正な会計情報を開示することにあります。その場合の会計は，市場の中で企業や銀行などの民間組織による実務の中から生まれてくるものと考えられました。しかしすべてを企業任せにすれば秩序が崩れ，恐慌にもつながりかねないので，会計ルールを共通のものにするために，アメリカでは公認会計士協会のような民間組織にその設定をゆだねる方式が考案されました（設定権限を国が民間組織に委譲する方式です）。

　したがって，会計ルールは法律の形態ではなく，規範（守るべき取決め）の形態をとります。その規範は会計基準（当初は会計原則）と呼ばれます。アメリカでは，民間組織が設定する会計基準を，証券取引法のもとで政府組織である証券取引委員会が支援して法律のように順守させるやり方がとられました。このような規範としての会計基準は「一般に認められた会計原則」（GAAP）と呼ばれます。

## (2)　商法会計と証券取引法会計

　日本では，明治期の近代化の中で，ドイツをモデルに商法が1898年に制定され，商法にもとづく会計が第2次世界大戦前までは行われました。しかし，第2次大戦後は，アメリカを中心とした連合軍の占領下で，1948年に証券取引法がアメリカをモデルに制定され，証券取引法にもとづく会計が導入されました。その結果，戦後の日本では，商法にもとづく会計と証券取引法にもとづく会計が二重に存在することになりました。2つの異なった会計が二重に実施されるのは，世界でも珍しい事例であったといえます。

　証券取引法は日本の会計の近代化をもたらしましたが，その導入に際しては，日本流の方式がとられました。アメリカのように民間組織のもとに会計基準を設定する形はとられませんでしたが，会計ルールの基本となる考え方は規範として尊重される形がとられました。それが1949年に公表された「企業会計原則」です。当時の日本の会計学者がドイツやアメリカの会計の考え方にもとづ

き近代的な会計ルールの原則をまとめたものですが，「企業会計原則」は法律
ではなく，規範としての役割を担いました（法律中心主義の日本では珍しい事
例です）。

　しかし実際には，その規範の下に，政府組織である**企業会計審議会**が会計基
準を設定し，それを政府が規則として制定する方式がとられました。商法の会
計との違いは，商法のように法律の形態をとらなかった点にあります。証券取
引法は第 1 条で「一般に公正妥当と認められる企業会計の基準に従う」とする
だけで法律の条文上では会計について規定していません（これはアメリカの
「一般に認められた会計原則」という表現にならったものです）。法律では決め
ずに，具体的な基準は企業会計審議会の決定にゆだね，その決定を規則にする
形で，会計のルール化を図ってきたわけです。

　戦後の長い期間，**商法会計**と**証券取引法会計**は図表 4 - 2 のように二重に機
能してきたといえます。法の性格が異なるため，商法は株式会社に，証券取引
法は**上場会社**（証券市場で株式の売買取引が認められた会社）に適用されまし
たが，結果として，上場会社には 2 つの会計が適用されました。そこでは 2 つ
の会計の違いを少なくする努力が行われました。当初は証券取引法会計が主導
していましたが，その後は商法会計を優位にした調整が行われてきたのが大き
な特徴です。

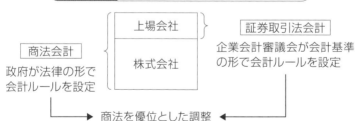

図表 4 - 2　商法会計と証券取引法会計の関係

## (3)　**会社法会計と金融商品取引法会計**

　しかし，1990年代になると，経済のグローバル化に伴う会計のグローバル化
が進み，日本だけの独特な会計ルールを運用してきた状態に大きな変化がもた

らされました。会計のグローバル化とは，国際会計基準やアメリカ会計基準の圧力のもとに英米流の会計ルールが導入されることをいいます。それと関連して，2006年には商法が会社法に変わり，証券取引法が**金融商品取引法**に変わるという法律レベルでの改正も行われました。特に重要な点は次の3点です。

第1は，会社法が商法とは違って，会計ルールを独自に規定することをやめ，会計を金融商品取引法会計に任せてしまった点です。会社法は431条で「一般に公正妥当と認められる企業会計の慣行」に従うと新たに規定しましたが，その表現は元来，証券取引法が使用していたものです。つまり，この431条は証券取引法を引き継いだ金融商品取引法の会計に従うということを意味しているのです。その結果，基本的に会社法会計は金融商品取引法会計に一本化されてしまいました。

第2は，会計ルールの設定主体が，政府組織である企業会計審議会から民間組織である**企業会計基準委員会（ASBJ）**に変わった点です。これは国際会計基準を作成する民間組織の**国際会計基準審議会（IASB）**が2001年にイギリス・ロンドンで設立されるに際して，主要国の会計ルール設定組織を民間組織にするように要請されたことによるものです。そうした圧力の中で，日本でも民間組織が会計ルールを設定する方式が導入されました（企業会計審議会も監査基準などを制定する組織として存続しています）。

**図表4-3 会社法会計と金融商品取引法の関係**

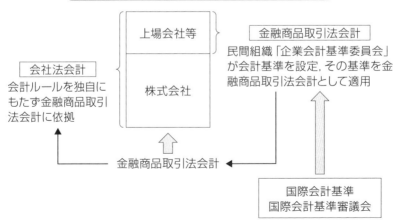

　第3は，その結果，企業会計基準委員会の設定する会計基準が**国際会計基準**の強い影響を受けるようになった点です。日本の会計基準はかなりの部分が国際会計基準と同じような内容になりつつあります。

　その結果，図表4-3のような2つの会計の関係が生まれています。

## 2 ┃ 日本の会計制度と財務諸表

　現在の日本では，**会社法会計**と**金融商品取引法会計**，およびそれに**税務会計**を加えた3つの会計が併存しています。それぞれについて見てみましょう。

### (1)　会社法会計

　**会社法**は，2006年に商法の中の会社に関する規程を1つにまとめて新たな法律として施行されたものです。商法の内容を引き継いではいますが，すでに述べたように，かつてのような独自の商法会計の規定を備えておらず，会計ルールに関しては「一般に公正妥当と認められる企業会計の慣行」に従うという431条の規定によって，金融商品取引法会計に依拠する形になっています。しかし，金融商品取引法会計は上場会社等約5,000社（上場会社3,600社プラス上場会社に準じる大会社）を対象としたものなので，大企業向けの会計であるといえます。一方，会社法は約250万社を対象としており，その大半は中小・零細企業となっています。大企業向けの会計を中小・零細企業にあてはめること

図表4-4　日本における会計の種類

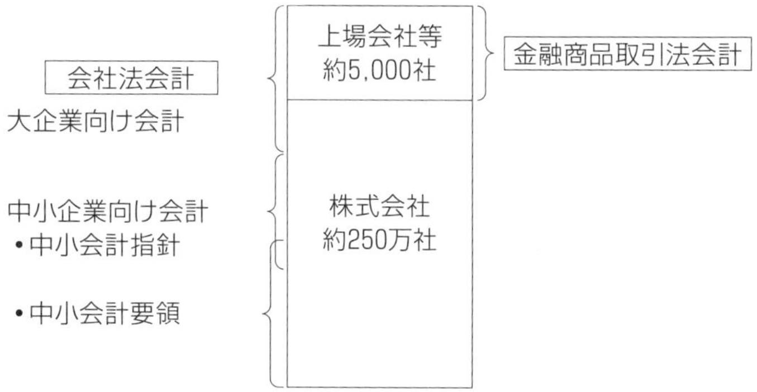

には無理があることから，中小企業向けの会計が作られ，その適用が認められています。

　中小企業向けの会計には，「中小企業の会計に関する指針」（中小会計指針）と「中小企業の会計に関する基本要領」（中小会計要領）の2つがあります。中小会計指針の方は，大企業向けの金融商品取引法会計を簡素化したもので，中堅企業向けのものとされています。中小会計要領の方は，圧倒的多数の中小・零細企業向けのものとして設定されました（どちらを適用するかは企業に任されているので，図表4-4ではカッコを重ねて表しています）。

## (2)　会社法における財務諸表

　会社法における財務諸表は正式には計算書類と呼ばれ，次のものからなっています。

- 貸借対照表
- 損益計算書
- 株主資本等変動計算書
- 個別注記表

　これらの計算書類は事業報告とともに，株主総会前に株主に送付され，株主総会で承認されることになっています。また承認後は，決算公告として一般にもホームページ等で開示されることになっていますが，多くの中小・零細企業は決算公告をしていないのが現状です。これらの計算書類は，1社ごとの個別企業のものであることも特徴となっています。

## (3)　金融商品取引法会計

　金融商品取引法は，2006年に証券取引法を改正し，新たな名称によって2007年から施行された法律です。すでに述べたように，金融商品取引法は会計ルール（会計基準）の設定を現在では民間組織である企業会計基準委員会にゆだねる方式をとっています。従来の政府組織である企業会計審議会は，企業会計基準以外の会計ルール（監査基準など）を定める組織として引き続き存続してお

り，現在の日本における会計ルールの設定は次のような二重構造になっている
といわねばなりません。

> 企業会計基準委員会（民間組織）―会計基準の設定
> 企業会計審議会（政府組織）―上記以外の会計ルール（監査基準等）の設定

　企業会計基準委員会は，イギリス・ロンドンに置かれた国際会計基準審議会
（IASB）と連携して，国際会計基準と同じような内容の会計基準の設定を行っ
ているのが特徴です。これは証券市場がグローバル化した結果，日本の企業だ
けでなく様々な国の企業を比較して，証券投資を行うことが求められるように
なったからです。国際比較をして投資をする場合には，どの企業も同じグロー
バル・スタンダードによって会計が行われなければなりません。そのために国
際会計基準が作られるようになり，2000年代から急速に各国の会計を国際会計
基準に統合する動きが加速しています。

## (4)　金融商品取引法における財務諸表

　金融商品取引法の計算表は財務諸表と呼ばれ，上場会社等が公表を義務づけ
られている**有価証券報告書**の中で表示されます。有価証券報告書は金融庁に提
出されるとともに，証券取引所や会社の店頭で一般に開示されます。現在では，
金融庁のウェブサイトである**EDINET**（電子開示システム）で公開されており，
パソコンやスマホから約5,000社の有価証券報告書を見ることができます。会
社法の計算書類が基本的に会社の関係者である株主向けのものであるのに対し，
有価証券報告書は不特定多数の投資家向けのものです。投資家を特定できない
ため，実際には有価証券報告書は誰もが見られるものとなっています。

　有価証券報告書は企業のプロフィールや業績を詳細に示すもので，次のよう
な目次からなっています。

第一部　企業情報
　第1　企業の概況

第2　事業の状況
第3　設備の状況
第4　提出会社の状況
第5　経理の状況
第二部　提出会社の保証会社等の情報
監査報告書

　会計情報は主として，「第5　経理の状況」の中で示されていますが，第1から第4までの報告および監査報告書も会計と密接に関連しています。企業全体を把握するのに便利なのは「第1　企業の概況」で，「主要な経営指標等の推移」，「沿革」，「事業の内容」，「関係会社の状況」，「従業員の状況」からなっていますので，見てみてください。

　財務諸表の体系は会社法の計算書類とほぼ同じものとなっていますが，次に見るように，一番の大きな相違は，財務諸表が計算書類と違って，連結財務諸表として開示される点です。また，損益計算書が包括利益計算書と名称を変えている点とキャッシュ・フロー計算書が加わっている点も相違点となっています。

連結貸借対照表
連結包括利益計算書（連結損益計算書を含む）
連結株主資本等変動計算書
連結キャッシュ・フロー計算書
付属明細表

　**連結財務諸表**とは，個別の企業の財務諸表ではなく，企業グループの財務諸表のことをいいます。親会社・子会社からなる企業グループにおける個々の財務諸表を合算することによって連結財務諸表は作成されます。連結財務諸表に続いて，親会社の個別財務諸表（単体財務諸表ともいう）も補足として開示されますが，メインは連結財務諸表となっています。

## ⑸　税務会計

　**法人税法**にもとづいて会計を使って課税の計算を行うのが**税務会計**です。法人税法では，課税所得の計算は，株主総会で承認された会社法の計算書類における当期純利益にもとづいて行われ，法人税申告書が作られます。商法の時代から，商法にもとづく会計をベースに課税の計算のための税務の会計が行われてきました。会社法に変わっても同じように，会社法にもとづく計算書類をベースに課税の計算が行われています。このように株主総会で承認され確定した会社法の計算書類を基礎に課税の計算を行う方式のことを，**確定決算主義**といいます。

　会社法の決算をベースに税務のための計算が行われますが，法人税法はそれ独自の課税のための原理をもっていて，会社法の会計はかなりの修正が必要となります。そのため，あらかじめ会社法上の計算書類を作成する場合に，課税上の数値を使って会計が行われることも多いといわれています。それだけ，課税のための会計の影響は大きいといわねばなりません。そうした点から，日本の会計制度における法人税法とそれにもとづく税務会計の制度は，国家の財政政策とも結びつく大きな存在であるといえます。

# 第5章 会計情報の拡大

<学習のポイント>
1. 会計情報とは何か？

　企業の会計情報を必要とする情報利用者には，様々な立場の人々がおり，利害関係者と総称されます。会計情報の作成に際しては，会計主体となる企業をどのように捉えるのかを決めなければならず，資本主理論，企業主体理論，企業体理論等があります。

2. 拡大する会計情報

　IR情報をはじめとする任意の会計情報の開示が増え，近年では企業の社会的責任（CSR）による環境報告書等の開示も進んでおり，これらの非財務情報が重要な役割を果たすようになっています。

3. ESG情報・統合報告と基準の統一

　環境・社会・企業統治（ESG），責任投資原則（PRI），気候変動や持続可能性等の意識の高まりを受け，非財務情報の開示は多種多様なものになりつつあります。一方，非財務情報の内容や様式の統一化と並行して，財務情報と非財務情報と合わせた統合報告書の開示が進んでいます。また，非財務情報のうち，人的資本情報を有価証券報告書に記載することを義務づけることなど，非財務情報の任意開示から強制開示への流れも始まっています。

# 1 会計情報とは何か

## ⑴ 会計情報とディスクロージャー

　**会計情報**とは，経済主体の経済活動や経済事象に関する記録・計算によって作られるもので，報告において適切な形式で可視化され，利用者のニーズに合

わせて伝達されるものをいいます。会計情報の利用者には，企業に資金を出資する株主等の投資家，企業に資金を貸し付ける銀行等の債権者，課税権者あるいは事業監督者としての国や地方自治体，従業員，取引先，地域住民など，様々な立場の人々がおり，これらを総称して**利害関係者（ステークホルダー）**といいます。このうち，主要な利害関係を持つのが債権者と株主等の投資家であり，企業はこれら利害関係者に会計情報を提供することが義務づけられています。

　債権者や投資家は，企業の外部の人間ですから，その企業の内情を十分に知る手段がなく，ここに経営者と債権者および投資家との間に情報ギャップが存在します。このギャップを埋めない限り，債権者や投資家はリスクを恐れて貸付けや出資を行うことはできませんし，それでは企業は事業活動を行うことができず，円滑な社会経済活動に支障をきたしてしまいます。そこで，企業が財政状態や経営成績等の会計情報を作成し，これを債権者や投資家に開示することにより，この情報ギャップを埋めることが必要になってきます。こうした情報の開示を**ディスクロージャー**といいます。

　しかし，債権者と投資家は，利害が対立することがあります。債権者は自分が貸し付けた資金が確実に返済されることを期待していますから，企業から資金が流出することを好ましいとは考えません。一方，投資家は，より多くの配当を期待する傾向があるため，両者の利害は対立するのです。そのため，会計情報には，情報提供という機能だけにとどまらず，利害関係者同士の対立を利害調整する機能が期待されることになります。

## (2)　法定の会計情報と決算短信

　会社法はすべての株式会社に対して，株主へ計算書類および事業報告を開示し，計算書類の要旨を公告することを求めています。決算公告において大会社以外は貸借対照表のみを示すことになっていますが，このことから，会社法が貸借対照表をより重視していることがわかります。これは，会社法が伝統的に**債権者保護**を重視し，そのために債務弁済力を示す貸借対照表を優先する姿勢をとってきたことが理由です。一方，金融商品取引法は上場企業等に対し，財務諸表を含む有価証券報告書を一般に開示するとともに，金融庁に提出するこ

とを求めています。これは，金融商品取引法が主として証券市場における**投資家保護**を重視してきたことを示しています。

　これらは会社に義務づけられる法定の会計情報ですが，このほかに証券取引所から要請される法定に準じる会計情報があります。

　日本取引所グループは，東京証券取引所グループと大阪証券取引所が2013年1月に経営統合して誕生した会社で，傘下に東京証券取引所，大阪取引所，東京商品取引所等があります。東京証券取引所は日本最大の証券取引所で，東京証券取引所における株式売買が日本国内の株式売買のほとんどを占めています。東京証券取引所では，それまでの市場第1部，市場第2部，JASDAQ，マザーズの区分から，2022年4月に以下の新市場に移行しました。

① プライム市場
② スタンダード市場
③ グロース市場

　会社法や金融商品取引法等の法令により強制されている会計情報の開示とは別に，証券取引所により開示が求められるものが決算短信です。有価証券報告書が公表されるのは決算日から3カ月近くが経過した頃となります。正確な会計報告のためには，情報の作成に時間を要しますが，3カ月遅れの会計情報では，情報の新鮮さに欠ける面も否定できません。

　そこで，証券取引所は，上場企業に対し，情報の正確性はある程度犠牲にしてでも迅速性を重視し，記載項目を最低限にとどめた決算短信の公表を求めています。決算短信では，過去の会計情報だけではなく，投資意思決定に有用となる将来の情報として，次期の業績予想（売上高，経常利益，当期純利益，1株当たりの当期純利益の予測値や予測の前提となる諸条件の情報等）も開示されます。決算短信は決算日から45日以内の公表が求められ，本編のほか，投資意思決定に役立つ情報の要旨が添付されます。

## (3) 利害関係者の拡大

　会計情報の作成に際しては，社会全体との関わりにおいて，会計主体となる

企業をどのように捉えるのかが重要な問題となります。この問題は，同時に誰にとっての利益を計算するのかということでもあり，**会計主体論**として古くから議論されてきました。会計主体論には多くの考え方がありますが，ここでは，代表的な考え方を見てみましょう。

### ①　資本主理論

　会計主体を資本主，すなわち，株式会社においては株主であるとし，会計情報を株主の立場から作成しようとする考え方が**資本主理論**です。この理論によれば，企業は株主の集合体であるということになります。株主の立場で会計情報を作成する場合，企業の資産は株主にとってプラスのもの，企業の負債は株主にとってマイナスのものとなり，両者の差額である資本は株主に帰属する富となります。これを等式によって表現すると，次のとおりとなります。

$$資産 － 負債 ＝ 資本（資本等式）$$

### ②　企業主体理論

　会計主体を株主等の資本主から独立した存在であるとし，会計情報を企業それ自体の立場から作成しようとする考え方が**企業主体理論**です。この理論によれば，資産は企業に帰属する資金の運用形態として，負債および資本は企業における資金の調達源泉として理解されることになります。これを等式によって表現すると，次のとおりとなります。

$$資産 ＝ 負債 ＋ 資本（貸借対照表等式）$$

### ③　企業体理論

　企業主体理論を発展させ，企業の資産や負債は企業それ自体に帰属することを認めながらも，企業を資本主，債権者，経営者や従業員，顧客や仕入先，政府や課税当局，さらには社会全体に影響を及ぼしうる存在であるとし，会計情報を社会全体の立場から作成しようとする考え方が**企業体理論**です。この理論によれば，企業の業績は，企業が果たした社会的責任に関する評価，すなわち，

企業が生みだした付加価値として測定されます。具体的には，一会計期間における付加価値がプラスであれば社会への貢献があったことになります。

　既存の会計情報は，負債と資本を区別し，資本主（株式会社の場合，株主）にとっての利益を算出していることから，基本的には資本主理論に立脚しているといえます。そして，株主への配当に制限を設けることによって，債権者の保護を行っています。企業主体理論は，企業を資本主から独立した存在と捉えることから，上場企業のように所有と経営が分離している企業に当てはまるように見えますが，債権者と資本主を区別しない側面もあり，既存の会計情報の説明とは整合しません。

　企業の利害関係者には様々な立場の人がいることを先に述べましたが，企業に開示が義務づけられている会計情報においては，債権者と投資家が主役になっているという現状が浮かび上がってきます。債権者と投資家以外の利害関係者は置き去りにされているということもできます。そのため企業体理論のような考え方にもとづき，社会全体に役立つ会計情報のあり方を模索する議論が高まってきました。それは会計情報を拡大する取組みとして広がっています。

## 2 ┃ 拡大する会計情報

　会計情報については今日では広く捉える傾向にあり，会計情報は拡大しつつあります。会計情報は次のように分類することができます。

　会計情報は，法律や基準，証券取引所の規則等によって義務づけるものであるかどうかで，「法定ないし法定に準じる会計情報（法定等の会計情報）」と「任意の会計情報」に分けられます。近年では，「法定等の会計情報」とともに，証券市場や社会からの要望を受けて，「任意の会計情報」が増えつつあります。

　またそれとは別に，従来からの財務諸表における会計データ（財務情報）のほかに環境や社会に関わるデータ（非財務情報）を会計情報の範囲に加える傾向も生まれています。環境や社会に対する企業の取組みや姿勢が企業の経営成績に影響を与えるようになってきたからです。そうした点で，広義の会計情報を**財務情報**と**非財務情報**に分けることができます。

### (1)　IRによる任意の会計情報

　法定等の会計情報の開示は，法令により，企業が最低限行わなければならないものです。しかし，これだけでは，情報利用者に企業活動の内容を必ずしも十分に伝達することはできません。そこで，任意の会計情報が企業の自主的な取組みによって発展することになりました。

　任意の会計情報の中でもよく知られているのがアニュアル・レポート（年次報告書）であり，1990年代に多くの企業が投資家との関係の深化等を目的として，自社のホームページにおいて公開するようになりました。

　アニュアル・レポートには，経営者のメッセージや，実施したあるいは，これから実施する事業の紹介などが記載されています。このほか，工場等の施設見学会，広報誌の発行なども行われています。これらをIR（Investor Relations，投資家関係）活動，提供される情報をIR情報と総称します。IR情報は，法定等の会計情報に限定されず，様々な非財務情報を含む，任意の会計情報開示の拡大と捉えることができます。

### (2)　CSRによる非財務情報

　企業の社会的責任（CSR：Corporate Social Responsibility）は，企業体理論と関わりが深い概念で，特に非財務情報である環境情報開示等において重要な役割を果たします。

　ある製造業を営む企業が環境に与える負荷が大きい材料を使用している場合に，高価ではあるものの環境負荷の小さい材料に置き換えるとしましょう。このとき，通常の会計情報では，環境負荷の小さい材料に変更することによって，製造原価が上昇し，その結果として利益が減少するという会計情報が作成されます。この情報を目にした利害関係者は，「昨年度より業績が下がったな。この企業の経営者は能力がないのだろう。」と考えてしまうかもしれません。しかし，環境負荷の小さい材料に切り替えたことによって，この企業の利益は減少しますが，環境汚染の進行を食い止めたことにより，将来の環境汚染対策のための費用を社会全体として節約することが可能となります。

　企業経営者は，株主利益の最大化を使命としていますが，企業も社会の一員

として持続可能な社会を作る責任を負います。個々の企業の利益の最大化は必ずしも社会全体の利益の最大化につながるとは限らず，利益を押し下げることがあっても，それが環境に良い効果をもたらすのであれば，そのような経営判断は高く評価されるべきです。

　しかし，法定等の会計情報（財務情報）では，そのような企業の取組みは高く評価されるどころか，逆の評価をされかねません。これでは，せっかく環境に良いことをしようとする経営者の足を引っ張ることになりかねません。そのため，法定等の会計情報では提供されない企業の取組みを，利害関係者はもちろん，広く社会に知ってもらう情報伝達の工夫が必要となります。そのための任意の財務情報ですが，その中心は非財務情報となります。

　2004年，環境配慮促進法が施行され，大企業には環境報告書の開示が求められようになりましたが，努力義務にとどまっています。環境報告書には，環境に関する会計情報のみならず，温室効果ガス排出量の削減に関する情報等の非財務情報が含まれます。

## 3 ┃ ESG情報・統合報告と基準の統一

　会計情報の拡大の主要な取組みは，ESG情報やSDGs，統合報告をめぐる動きとして活発になっています。また拡大する会計情報の乱立を防ぐために基準の統一が進み始めています。

### (1) ESG，SDGs

　これまで，投資家は投資リターンの最大化を第一の目標としてきました。投資家から資金を集めて運用する機関投資家もまた同様でした。しかし，2006年に国連が公表した責任投資原則（PRI：Principles for Responsible Investment）は，この傾向に一石を投じ，ESGの視点からの投資を呼びかけました。投資家も社会や環境に無関心であってはならない状況に変化してきたからです。ESGとは，環境（Environment），社会（Social），企業統治（Governance）の英語の頭文字を取ったものです。

　PRIは，投資家に対して，企業の分析や評価を行う際に，長期的な視点で，

ESG情報を考慮した投資行動をとることを求めるものです。特に運用資金額
が大きい機関投資家が，率先して投資先企業のESGに関して責任ある投資行
動をとることにより，投資先企業の持続的な成長と社会的貢献を促進すること
が期待されています。

　PRIは以下の6つの原則を内容とします。


① 　投資分析と意思決定プロセスにESGの視点を組み入れる。
② 　株式の所有方針と所有監修にESGの視点を組み入れる。
③ 　投資対象に対し，ESGに関する情報開示を求める。
④ 　資産運用業界においてPRIが広まるように働きかけを行う。
⑤ 　PRIの実施効果を高めるために協働する。
⑥ 　PRIに関する活動状況や進捗状況を報告する。

### 図表 5 - 1　PRIの署名機関および運用資産総額

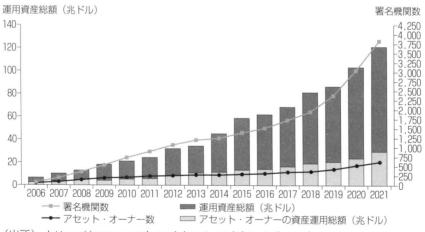

（出所）　https://www.unpri.org/about-us/about-the-pri


　図表5-1からは，2006年以降，署名機関および運用資産総額とも右肩上が
りとなっており，運用総額は2021年現在で120兆ドルを超えるまでに成長し，
PRIの取組みが拡大しつつあることが読み取れます。日本の年金積立金管理運
用独立行政法人も2015年に署名するなど，署名機関が増加しています。

48

さらに2015年9月に国連サミットにおいて加盟国の全会一致で採択された「持続可能な開発目標」（SDGs：Sustainable Development Goals）は，この流れをいっそう決定づけるものとなっています。SDGsとは，2030年までに持続可能でより良い世界を目指す国際目標のことで，17のゴール，169のターゲット，232の指標から構成されています。SDGsは，以下の方針を示しています。

① 普遍性：先進国を含むすべての国が行動する
② 包摂性：地球上の誰一人残さない
③ 参画型：すべてのステークホルダーが役割を果たす
④ 統合性：ESGに総合的に取り組む
⑤ 透明性：定期的なフォローアップ

その後，G20（金融・世界経済に関する首脳会合）の要請を受けた金融安定理事会（FSB：Financial Stability Board）は，気候関連の情報開示および金融機関の対応をどのように行うかを検討するため，「気候関連財務情報開示タスクフォース（TCFD）」を設立しました。TCFDは2017年6月に最終報告書を公表し，企業等に対し，気候変動関連リスクおよび機会に関する情報を開示することを推奨しています。

こうした動きを受けて，2020年，日本政府は2050年カーボンニュートラルを実現することを宣言し，官民一体となった脱炭素社会を目指す取組みが進められています。

このような社会環境の変化や環境等への意識への高まりを背景として，多くの上場企業が，非財務情報であるサステナビリティ情報を開示するようになっています。

## (2)　統合報告

ここまで，制度化された財務情報とそれ以外のいわゆる非財務情報の内容と必要性について説明してきましたが，両者は別々の情報として作成され，公表されてきました。しかし，近年，財務情報と非財務情報を統合した「統合報

告」の必要性が議論されています。

　統合報告を作成・開示する企業は増えつつありますが，統合報告には詳細な
ルールがないという問題があります。そのため，財務情報における会計基準の
統一化と同様に，2010年に国際統合報告評議会（IIRC）が設立され，統合報
告に関する国際的なルール作りが始まりました（その後，IIRCはアメリカの
SASBと合併し，さらに国際会計基準を作成するIFRS財団に統合されていま
す）。

### 図表 5 - 2　統合報告による価値創造プロセス

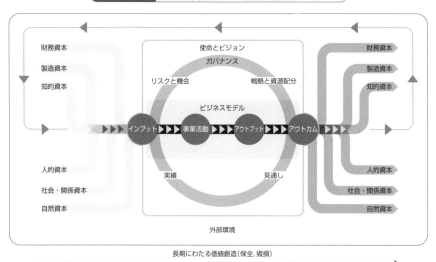

（出所）　IIRC（日本公認会計士協会訳）「国際統合報告フレームワーク日本語訳」
　　　　2014年

　図表 5 - 2 にあるように，統合報告による価値創造プロセスは，財務資本，
製造資本，知的資本，人的資本，社会・関係資本，自然資本という各資本が統
合され，インプット，事業活動，アウトプット，アウトカムという過程を通じ
て，長期的・持続的に増大するものとして描かれます。具体的には，様々な資
本が企業内で統合され，材料の投入（インプット），製造活動（事業活動），製
品の完成（アウトプット），製品の利用から得られる効用（アウトカム）を経
て，それがさらなる資本の成長を生むという循環過程を表します。

50

　現在は企業の自主的な情報開示ではありますが，統合報告を作成する取組み
は主要な大企業の中で増えつつあります。図表5-3は，日立グループの総合
報告体系を示した概念図です。多くの企業が法定等の会計情報に限定されない
任意の会計情報，非財務情報を統合した形での会計情報の開示を行っています。

図表5-3　日立グループの統合報告体系

価値創造ストーリー

統合報告書

サステナビリティ／
ESG情報

株主・投資家向け情報

非財務　　　　　　　　　　　　　　　　　　　　　財務

・サステナビリティレポート
・コーポレートガバナンス
　報告書＊
・サステナビリティ
　Webサイト
　https://www.hitachi.co.jp/
　sustainability/

・有価証券報告書＊
・決算短信＊
・事業報告＊
・経営戦略（中期経営計画）
・IR Webサイト
　https://www.hitachi.co.jp/IR/

網羅性　　＊法定開示・適時開示書類

（出所）　日立グループ　サスティナビリティレポート編集方針

　さらに金融庁は，人的資本情報について有価証券報告書への記載を義務づけ
ることを検討しており，具体的には，育児休業の取得率，男女間の賃金差，女
性管理職の比率等の情報が開示されることになります。これらの情報は，投資
家だけでなく，就職活動をしようとする学生等にも幅広く利用されることが期
待されています。このように，非財務情報の範囲は拡大する傾向にあります。

### (3)　ESG情報・非財務情報の基準統一

2022年，IFRS財団は，乱立しているサステナビリティ関連の報告基準を

「国際サステナビリティ基準」として統合し，企業が投資家などに対してESG
や非財務情報に関するより信頼性の高い報告ができるようにすることを目的と
して，国際サステナビリティ基準審議会（ISSB）を設立しました。ISSBは，
同じくIFRS財団が設立していた国際会計基準審議会（IASB）と併存し，前者
は非財務情報の基準策定を，後者は財務情報の基準策定をそれぞれ担いつつ，
相互に協力しながら基準作りを進める役割を担おうとしています。

　ISSBの設立に対応して日本の財務会計基準機構はこれまでの会計基準委員
会（ASBJ）と並んで2022年 7 月にサステナビリティ基準委員会（SSBJ）を設
立しました。今後，財務情報の基準とともに非財務情報の基準がディスクロー
ジャーにおいて大きな役割を果たすことになることでしょう。

## 第6章 貸借対照表の見方（資産）

<学習のポイント>

1．貸借対照表の仕組みは？

　　貸借対照表は企業の財政状態を表示する計算表であり，資産，負債，資本（純資産）からなっています。左側の資産は「資金の運用形態」を表し，右側の負債と資本は「資金の調達源泉」を表します。貸借対照表における利益の計算方法は「財産法」と呼ばれ，「期末資本（期末純資産）－ 期首資本（期首純資産）＝利益」で表されます。

2．資産とは何か？

　　資産は，企業に投下された「資金の運用形態」を表し，企業が保有し経営活動に活用する財産を意味します。資産は，流動資産，固定資産，繰延資産の3つに分類されます。

3．流動資産とは何か？

　　流動資産とは，短期間に現金へ向かって流動化（現金化）する資産のことであり，当座資産，棚卸資産，その他の流動資産に分類されます。

4．固定資産とは何か？

　　固定資産とは，現金化がされないか現金化が長期にわたる（資金が固定化された）もので長期に保有される資産のことです。固定資産は，有形固定資産，無形固定資産，投資その他の資産の3つに分類されます。

5．減価償却とは何か？

　　有形固定資産は使用または時の経過とともに価値が減少すると考えられますが，その減価（価値の減少）を表すための手続が減価償却です。

6．繰延資産とは何か？

　　繰延資産は，企業を立ち上げたときの特別の費用（創立費，開業費）などを資産とみなして繰延計上（一度に費用とせず数期間にわたって資産計上）するものです。

# 1 ▌貸借対照表の仕組み

## (1)　企業の財政状態を表示

　貸借対照表は企業の財政状態を表示する計算表であり，資産，負債，資本（純資産）のグループからなっています（伝統的に「資本」と呼ばれていた部分は現在では「純資産」と呼ばれますが，詳しくは第7章で説明します）。

　資産のグループは企業に投下された資金の運用形態を表し，負債と資本のグループは企業に入ってくる**資金の調達源泉**を表します。経営分析などでは，資本の部を**自己資本**，負債の部を**他人資本**，全体を**総資本**とも呼びます。

　企業が資金を調達するのは，それを企業経営に投下・運用して利益を得ようとするからにほかなりません。資金の投下の状況について，貸借対照表の右側に負債・資本として示されます。そして**資金の運用形態**とその状況について，左側に資産として示されます。資産は，調達された資金が次々と形を変えて具体的に運用されるその形態を表すことになります。こうした点を表すと図表6-1のようになります。

図表6-1　貸借対照表の基本的仕組み

　図表6-1を見てもわかるように，右側ではどのような調達源泉から資金が入ってきたかについて示し，左側でそれをどのように使っているかについての運用形態を示す形となるので，当然のことながら「資産＝負債＋資本」というように左右は同額となります。1つのコインを表と裏から見ているのと同じで

54

す。

## (2) 貸借対照表の利益

資金の運用（商品の販売など）が首尾よく行われればやがて利益を得ることができ，図表6-2のようにスタート（期首）時点では左右同額であった状態からゴール（期末）時点では資産が増大し，左右に差額が生じる状態へと変化します。その差額が利益です。資産から負債を差し引いたものは正味の「純財産」と見ることができます。現代では伝統的な見方を拡張して，純財産にあたる部分を**純資産**と呼ぶようになっています。つまり「資産－負債＝純資産」です。この純資産の増加分が利益となります。

**図表6-2　貸借対照表における利益**

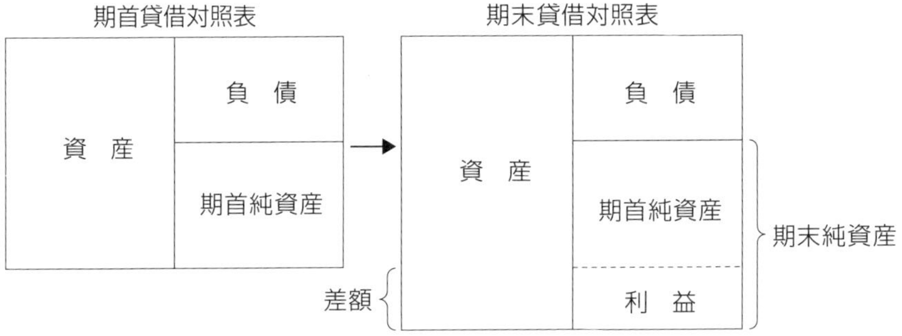

貸借対照表では，**利益**（当期純利益）は期首純資産が期末純資産へと増加する形で表されます。それを等式で示せば次のようになります。これを**財産法**と呼びます。

$$期末純資産－期首純資産＝利益$$

貸借対照表で計算される利益（当期純利益）は，損益計算書で計算される利益と一致することは先に見たとおりです。

貸借対照表は，企業の一定時点の断面図ともいえる資産・負債・資本の有高（ストック）を示すと同時に，その中に資本の増加分である利益がいくら含ま

れているかを表す計算表であるといえます。

### (3)　資産の3つの分類

　この章では，貸借対照表の左側にある資産について見てみましょう。企業に投下された資金がどのように運用されているかを表すのが資産です。**資産**は，企業が保有し経営活動に活用する財産を意味します。資産は，次のように流動資産，固定資産，繰延資産の3つに分類されます。

　**流動資産**とは，短期間に現金へ向かって流動化（現金化）する資産のことであり，**固定資産**とは，現金化がなされないか現金化が長期にわたる（資金が固定化された）もので長期に保有される資産のことです。

　流動と固定の区分は，**正常営業循環基準ないしは1年基準（ワンイヤールールともいう）** によってなされます。正常営業循環基準では，企業の本業の活動（会計では営業活動という）での「仕入→製造→販売→現金」（商品の場合は「仕入→販売→現金」）のプロセスにある資産が流動資産となります。1年基準では，その名称のとおりに1年以内に現金化する資産が流動資産となります。正常営業循環基準にあてはまるものにはまずそれを適用し，それにあてはまらないものには1年基準が適用されます。

　**繰延資産**は，企業を立ち上げたときの特別の費用（創立費，開業費）などを資産とみなして繰延計上（一度に費用とせず数期間にわたって資産計上）するものです。費用を繰り延べただけのものなので換金性はまったくありません。一部の特別な費用のみが限定的に繰延べを認められて繰延資産となります。

## 2 │ 流動資産とは何か

　流動資産は，当座資産，棚卸資産，その他の流動資産に分類されます。貸借対照表上ではそうした用語は出てきませんが，資産の特徴を見る場合にはそうした分類の知識が必要となります。特に，当座資産，棚卸資産は経営分析において よく使われます。

### (1)　当座資産

　当座資産の当座とは「ただちに」という意味で，当座資産は，短期間の現金化がほぼ確実な資産（ただちに現金化できる資産）のことをいいます。当座資産には，現金預金，売掛金，受取手形，電子記録債権，有価証券などが含まれ，売掛金と受取手形，電子記録債権はまとめて「売上債権」と呼ばれます（当座資産と同じく，売上債権という用語も貸借対照表には出てきません）。売上債権は短期貸付金とあわせて「金銭債権」と呼ばれることもあります。

### (2)　売上債権

　売掛金と受取手形，電子記録債権は，営業取引（売上）によって生じる**売上債権**です。売掛金とは，商品・製品の販売代金を一定期間後に受け取る約束になっている金額のことをいいます。取引業者の間ではその場での現金支払いではなく，お互いの信用にもとづく後払いの慣行が古くから定着しています。

　「掛けで売る」，「掛けで買う」という言葉が使われてきたことから，売る場合は「売掛金」，買う場合は「買掛金」と呼ばれるようになりました。手形は，支払の約束を形式の定まった証券に書いたもので，単なる口約束のような売掛

金よりも確実な債権です。電子記録債権は手形債権を代替する新たな債権です。

　こうした売上債権は信用や約束にもとづくものなので，倒産などにより支払われない場合（**貸倒れ**という）が生じます。したがって，会計では貸倒れに備えて売上債権を減額する評価が行われます。その際には貸倒見積高に相当する**貸倒引当金**を設定し，売上債権から控除することになります（第7章で説明）。

## (3)　有価証券

　**有価証券**とは，財産についての権利が書かれた紙片のことで，それ自体が価値をもち売買の対象となるものをいいます。有価証券には，主として，株式，社債，国債，地方債などがあります（株式は電子化されたので紙に印刷したものはなくなりました）。

　有価証券は，財務諸表に表示する際に，流動資産上の「有価証券」と固定資産上の「投資有価証券」に区分されます。有価証券は1年以内の換金（売却や償還）を目的とし，投資有価証券は受取配当金や受取利息などを得るための長期保有を目的とします。

$$\text{有価証券の表示上の区分}\left\{\begin{array}{l}\text{有価証券（流動資産）}\\[1em]\text{投資有価証券（固定資産）}\end{array}\right.$$

## (4)　棚卸資産

　もう1つの**棚卸資産**とは，営業活動における販売を目的として保有する資産や製造中の財貨などをいいます。商品や製品の在庫を確認し評価することを棚卸ということから棚卸資産と呼ばれます。一般には「在庫」という言い方もされます。棚卸資産には，次のようなものがあります。

---

商　品：外部から購入（仕入という）をして販売するもの
製　品：内部で製造して販売をするもの
仕掛品：製造の途中にあるもの

原材料：製品を製造するための素材となるもの

## 3 │ 固定資産とは何か

　固定資産とは，企業活動のために長期に保有される資産のことで，固定資産は，有形固定資産，無形固定資産，投資その他の資産の3つに分類されます。

$$
固定資産 \begin{cases} 有形固定資産 \\ 無形固定資産 \\ 投資その他の資産 \end{cases}
$$

　有形固定資産は，企業の本業を支えるために長期間使用される物的資産を指します。それに対して無形固定資産は長期間にわたり収益に貢献する，形のない資産を指します。投資その他の資産は，企業グループへの投資や長期の金融投資に向けられる資産を指します。

### (1) 有形固定資産

　有形固定資産には，建物，機械装置，工具器具備品，車両運搬具，土地などがあります。

建　物：事業に使用する屋根，壁，柱をもつ建築物（事務所，工場，店舗，倉庫
　　　　等など）
機械装置：主として製造や建設で使用される機械および装置
工具器具備品：加工に使われる道具が工具，事務用の机，パソコンなどが器具備
　　　　品
車両運搬具：鉄道車両や自動車，地上運搬具（フォークリフト，クレーンなど）
土　地：人為的に区分した陸地（販売用の土地は棚卸資産になる場合もある）

　有形固定資産の金額や割合は，企業の設備投資の状況を示します。子会社・関連会社への投資が増加する場合には有形固定資産の比率が低下し，投資その

他の資産が増加する傾向となります。

## (2) 減価償却とは何か

　有形固定資産で重要なのは減価償却<ruby>減価償却<rt>げんかしょうきゃく</rt></ruby>です。有形固定資産は使用または時の経過とともに価値が減少すると考えられます。土地と建設仮勘定を除く有形固定資産はすべて償却の対象となるので償却性資産とも呼ばれます。その減価（価値の減少）を表すための手続が減価償却です。

　会計学では，減価を表すために，有形固定資産の取得時の価額（取得原価）を使用期間（耐用年数）にわたって，最後に残るとされる金額（残存価額）まで，一定の方法（減価償却方法）で費用として規則的に配分する手続が，減価償却として定義されます。

　①取得原価，②耐用年数，③残存価額の3つを減価償却の3要素といいます（残存価額は10％ないしはゼロ）。それらの要素を基礎にいくつかの減価償却方法が認められています。

　主として使われる定額法と定率法の2つについて見てみましょう。定額法は毎期，定まった同じ額を減価償却費とし，定率法は毎期，同じ償却率を残高に乗じて減価償却費とします。

> 定額法―毎期，定額を減価償却費とする
> 定率法―毎期，定率を未償却残高に乗じた額を減価償却費とする

　たとえば，取得原価1,000万円の機械装置が10年の耐用年数で，残存価額が取得原価の10％（100万円）とすれば，定額法と定率法の計算は次のようになります。

　定額法における減価償却費の計算式は，（取得原価1,000万円－残存価額100万円）／耐用年数10年＝90万円となります。毎期，定額の90万円を減価償却費とするのが定額法です。

　他方，定率法は10年の耐用年数の場合，毎期，償却率「0.206」（償却率表を使用）を残高に乗じます。上の事例で計算すれば，1年目は減価償却費が206万円（1,000万円×0.206），2年目は163万円（794万円×0.206），3年目は130

万円（631万円×0.206）となり，最後の10年目には25万円（125万円×0.206）になります。つまり定率法の場合は前半の方は減価償却費が定額法に比べて大きく，後半になればなるほど減価償却費が小さくなっていき，5年目には約75％を償却してしまいます。

定額法と定率法をイメージ図にすれば図表6-3のようになります。

図表6-3 定額法と定率法

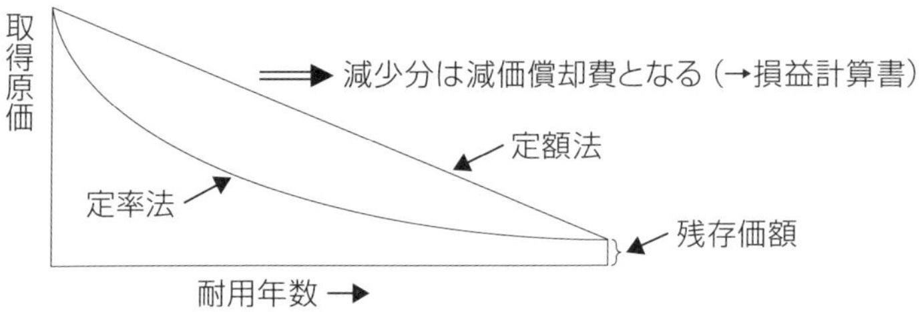

## (3) 無形固定資産

**無形固定資産**には，法律上の権利，のれん，ソフトウェアの3つがあります。無形固定資産についても定額法で残高をゼロとする償却が行われます。

法律上の権利には，特許権，商標権，意匠権などがあります。これらの権利は，使用により価値を生むことから資産価値があると考えられ，通常，有償で取得した場合に無形固定資産となります。

特許権：新発明や新技術を独占的に利用できる権利
商標権：自社の製品・商品を表すトレードマークを独占的に利用できる権利
意匠権：物品のデザイン（形，模様，色など）を独占的に利用できる権利

**のれん**とは何でしょうか。企業そのものを買収する際に，企業の純額を上回って高い価額を支払った場合に生じる超過額をいいます。超過額が生じるのは，買収対象となる会社が同業他社よりも優秀な技術や知名度等により多くの収益をあげる能力をもっている場合です。昔からのれんとは店の信用力を表すとされてきました。

そのような超過収益力を表すものを指して「のれん」といいます。企業の合併や買収（会計では企業結合という）によって取得した際の超過額が，のれんとして資産計上されます。

ソフトウェアとはコンピュータ・ソフトのことを指します。現代の企業のほとんどは何らかの形でコンピュータ・ソフトを制作したり活用していることはいうまでもありません。ソフトウェアは収益をもたらす資産価値があるので，無形固定資産となります。

### (4) 投資その他の資産

固定資産の3番目は，投資その他の資産です。主として，投資有価証券，長期貸付金，関係会社株式（子会社および関連会社株式）などがあります。

投資有価証券は長期保有を目的とした有価証券を意味します。投資有価証券の保有からは，株式の場合は受取配当金が，社債や国債の場合は受取利息が生じ，損益計算書に計上されます。

関係会社株式は企業グループへの投資を意味し，その金額は企業グループへの投資の程度を表します。近年ますます企業グループが拡大する傾向にありますが，それを反映して親会社の個別貸借対照表上で有形固定資産が減り，関係会社株式を含む投資その他の資産が増加するケースがよく見られます。

## 4 ┃ 繰延資産とは何か

繰延資産には，創立費，開業費，株式交付費，社債発行費等，開発費があります。これらは収益効果が将来にわたって生じる特別の費用である場合にのみ繰延べが認められている項目です。

会社の設立・開業に伴う特別の費用が，創立費と開業費です。会社にとって一生で一度だけの特別の費用であることはいうまでもありません。創立費は，会社設立のための登記費用，株式募集の費用，事務費などです。開業費は，設立後から会社開業までの建物等の賃借料，広告宣伝費，従業員給料，事務費などです。

会社の株式や社債を発行するための特別の費用が，株式交付費と社債発行費

等です。株式や社債の発行も時々しか行われないので特別な費用となります。

　開発費とは，新技術・新経営組織の採用，資源の開発，設備の大規模な配置替えの場合などの特別な費用をいいます。現在では「研究開発費」に関する会計ルールが作られており，そのルールが主として使われるので，開発費の繰延資産計上はほとんどありません。

　繰延資産は特別の費用なので，わずかな企業にしかなく，多くの企業の財務諸表では見ることがほとんどありません。あまり分析の対象となることはないといえます。

# 第7章　貸借対照表の見方（負債・純資産）

<学習のポイント>

1. 負債とは何か？

　　負債は，「資金の調達源泉」の1つですが，返済を必要とすることから，資産という企業の財産の将来的な減少をもたらすものを意味します。負債は，流動負債と固定負債に分類されます。

2. 引当金とは何か？

　　引当金は，将来の特定の費用（または損失）で合理的に見積り可能なものを当期の費用とした場合に生じる負債の一種です。発生の可能性が高いので先取りして費用計上をし，それに対応して負債である引当金が設定されます。引当金は誰かに必ず返済することが義務づけられる法的な債務ではないので，このような特別の負債のことを「会計的負債」といいます。

3. 純資産とは何か？

　　純資産は，企業の財産である資産から，その将来的な減少分である負債を差し引いた残りの部分です。この部分は，同時に，企業に入ってくる「資金の調達源泉」の1つを表し，具体的には株主から提供された払込資本とそれを運用して生まれた留保利益からなっています。純資産は，株主資本，評価・換算差額等，株式引受権，新株予約権から構成されます。

## 1 ｜ 負債と純資産

　この章では貸借対照表の右側にある負債と純資産について見てみましょう。企業に入ってくる資金の調達源泉を表すのが負債と純資産です。負債は，流動負債と固定負債に，純資産は，株主資本，評価・換算差額等，株式引受権，新株予約権に分かれます。

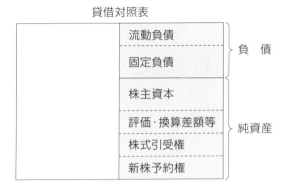

貸借対照表

## 2 ｜ 負債とは何か

　**負債**は，企業に入ってくる「資金の調達源泉」の１つを表しますが，返済を必要とするものでもあります。したがって負債は，資産という企業の財産の将来的な減少をもたらすものということができます。負債も資産と同じように正常営業循環基準ないしは１年基準にもとづいて，流動負債と固定負債に分類されます。本業の活動プロセスから生じる債務（買掛金や支払手形など）は正常営業循環基準により流動負債に区分され，それ以外は１年基準により流動負債と固定負債に区分されます。

### (1) 流動負債

　**流動負債**には，買掛金，支払手形，電子記録債務，コマーシャルペーパー，短期借入金，預り金，引当金などがあります。

　買掛金と支払手形，電子記録債務は，営業取引（仕入）によって生じる債務で，あわせて**仕入債務**と呼ばれます。商品・製品の販売やサービスの提供を行うほとんどの企業は信用取引を行っていることから，必ず売上債権とともに仕入債務が存在します。

　コマーシャルペーパーは，優良大企業が発行できる無担保の約束手形とされています。１年未満（１カ月や３カ月が多い）での短期の資金調達に使われます。

## (2)　固定負債

固定負債には，社債，長期借入金，引当金などがあります。

社債は，資金を一般投資家から集めるために債券として発行される借入証券のことです。償還日までの利息支払いとともに，償還日に元本を返済することが約束され，株式とは違い社債券保有者に資金が償還（返済の意味）されます。満期償還に至る前に時価で買い入れる場合もあります。

社債には普通社債と新株予約権付社債があります。新株予約権付社債とは新株を引き受ける権利が付与された社債です。貸借対照表では一括して「社債」と表示されますが，注記にはどのような社債が発行されたかが示されています。

$$社債\begin{cases} 普通社債 \\ 新株予約権付社債 \end{cases}$$

新株予約権とは，社債を発行した会社の株式を有利な条件（低い株価）で買うことができる権利のことをいいます。新株予約権付社債を発行すると，社債保有者は権利を行使して株式を買うことが予想されるので，新株予約権の分は潜在的な資本と見ることができます。したがって，現在ではその分の新株予約権の額を純資産の最後に表示することになっています（その点は後述）。

## (3)　引当金とは何か

引当金は，将来の特定の費用（または損失）で合理的に見積り可能なものを当期の費用とした場合に生じる負債項目です。引当金は，次の4つの要件を備える場合に設定されます。

①将来の特定の費用または損失であること。
②費用または損失の発生が当期以前の事象に起因していること。
③費用または損失の発生の可能性が高いこと。
④費用または損失の金額を合理的に見積ることができること。

66

　4つの要件がそろった場合に引当金が設定されます。引当金の設定は，将来の費用または損失を見越して，費用を先に計上する手続を意味します。発生の可能性が高いので先取りして費用計上をするのですが，それに対応して負債である引当金が設定されます。負債であるのは，将来に支払いが予想される債務の性格をもつからです。しかし，この債務は普通の借金のように誰かに必ず返済することが義務づけられる**法的債務**ではありません。このような法的債務でない特別の負債のことを**会計的負債**といいます。会計の計算の仕組みの中で考案された負債といえます。

　引当金はその性質によって次の３つに分けることができます。

> 評価性引当金―貸倒引当金
> 負債性引当金―賞与引当金，製品保証引当金，修繕引当金，ポイント引当金，
> 　　　　　　　退職給付引当金など
> 利益留保性引当金―特別法上の準備金など

　**評価性引当金**は，特定の資産の減少を評価する役割の引当金で，貸倒引当金がそれに該当します。特定の資産とは，流動資産の場合は売上債権や短期貸付金などの金銭債権，固定資産の場合は長期貸付金などの投資債権です。いずれも相手からの返済を待つ債権であるので，常に貸倒れの危険性があります。その貸倒見積高を予想し，その分をそれらの資産からマイナスする役割を果たすのが貸倒引当金です。

　**負債性引当金**には，ほとんどすべての引当金が含まれます。１年以内の取崩しを想定したものは流動負債，１年を超えるものは固定負債に区分して計上されます。

　**利益留保性引当金**は，将来の費用を想定する根拠が乏しく４つの要件にはあてはまらない引当金です。結局は利益の留保を意図したものとみなされることから利益留保性引当金と呼ばれます。かつての高度成長期には「特定引当金」という名前で，企業が自由に設定できる利益留保性引当金が容認され，企業の発展に利用されていました。今日では，それは特別法上の準備金の中に残っています。

# 3 ┃ 純資産とは何か

　純資産は，企業の財産である資産から，その将来的な減少分である負債を差し引いた残りの部分です。この部分は，企業に入ってくる「資金の調達源泉」の1つを表しますが，それについては負債と違い返済の必要はありません。具体的には株主から提供された**払込資本**とそれを運用して生まれた**留保利益**の部分からなっています。以前はその部分を指して資本と呼んでいましたが，現在では新たな項目を加えて純資産と呼ばれる広い概念になりました。純資産は，株主資本，評価・換算差額等，株式引受権，新株予約権から構成されます。

## (1) 純資産の構成

　純資産の構成は次のようなものとなります。各項目の内容を簡潔に見てみましょう。

---

Ⅰ　株主資本
　1　資本金　　　　　　→株式発行額の2分の1以上を組み入れ（原則は全額）
　2　資本剰余金
　　①資本準備金　　　　→資本金に組み入れない2分の1までが計上可能
　　②その他資本剰余金　→資本準備金以外の資本剰余金（配当する場合は配当金の10分の1相当額を資本準備金に積立て）

　3　利益剰余金
　　①利益準備金　　　　→資本準備金と利益準備金の合計額が資本金の4分の1に達するまで積立てが強制（配当金の10分の1相当額の積立て）

　　②その他利益剰余金
　　　任意積立金　　　　→利益の留保分で目的を付すものと目的のないものがある

　　　繰越利益剰余金　　→次期に繰り越される利益剰余金
　4　自己株式　　　　　→自社株の保有分（マイナスで表示）
Ⅱ　評価・換算差額等

---

```
    1  その他有価証券評価差額金  →その他有価証券の時価評価差額
    2  土地再評価差額金      →土地再評価法（2002年3月まで）による再評価差額
Ⅲ   株式引受権          →株式の無償交付による株式引受の権利分
Ⅳ   新株予約権          →新株予約権の発行等による権利分
```

　Ⅰの株主資本が従来から資本とされた部分であり，ⅡとⅢが新たに加えられたその他の部分です。Ⅱの評価・換算差額は，新しい会計基準によって導入された時価評価（連結の場合は換算評価も付加）の差額を表示する部分であり，Ⅲはこれまで負債と資本の中間に表示されていた部分です。このように性格の異なった要素が入るのが純資産です。

## ⑵　株主資本

　純資産の部の第1となる**株主資本**は，昔から「資本」と呼ばれている本来の資本部分です。資本金，資本剰余金，利益剰余金，自己株式に区分されます。

　**資本金**は，株主が出資した資本そのものです。原則は，株主が払い込んだ金額のすべてを資本金とすべきですが，会社法では2分の1を超えない額を資本金ではなく資本準備金とすることができるとされています。その結果，この規定によってほとんどすべての会社が資本金を株式発行価額の2分の1のみにしています。

　準備金の名前がついている**資本準備金**と**利益準備金**は**法定準備金**といわれ，商法の時代から一定限度までの積立てが強制され，会社法に変わった今日まで引き継がれているものです。商法，会社法は債権者保護が基本目的ですが，債権者保護のためには資本維持が求められます。資本維持とは債権者への返済資金を保持するために，資本部分の確保を求める概念です。そのため払込資本の性格をもつ資本準備金だけでなく，会社法は利益の一部の積立ても求めますが，それが利益準備金といわれるものです。

## ⑶　資本剰余金

　**資本剰余金**は資本準備金とその他資本剰余金からなっています。資本準備金は，資本金に組み入れられなかった部分のことを指します。そのほかにも会社組織の変更（会社分割や株式交換など）による差益も入ります。

　その他資本剰余金は，資本準備金以外の資本剰余金です。資本準備金減少差益や自己株式処分差益などがあります。2006年に施行された会社法により，利益からの配当だけでなく，その他資本剰余金からも配当を行うことができるようになりました。また株主総会の決議で資本準備金を減らして，減らした額をその他資本剰余金に移し替えることができるようにもなりました。その名称が「資本準備金減少差益」です。また保有している自己株式を再び証券市場で売り出した場合に出るプラスの差額も「自己株式処分差益」として計上されます。

### ⑷　利益剰余金

　**利益剰余金**は利益準備金とその他利益剰余金からなっていますが，利益剰余金の全体は留保利益に分類されます。

　利益準備金は，資本準備金と並ぶ法定準備金です。資本準備金と利益準備金の合計が資本金の4分の1に達するまで，積立てが求められます。配当金の額の10分の1以上に相当する額の利益準備金の積立てが必要となります（その他資本剰余金から配当をした場合も，資本準備金の同じような積立てが必要となります）。利益の一部ではありますが，債権者保護の観点から企業内部への留保が義務づけられているといえます。

　その他利益剰余金は，任意積立金と繰越利益剰余金からなっています。

　任意積立金には，特定目的のための名称を付けた積立金と特定の目的をもたない別途積立金があります。別途積立金は企業が様々に活用できる積立金の性格をもちます。利益をあげてきた業績の良い会社には多額の別途積立金が表示されているので，注意して見てください。

　繰越利益剰余金は，当期純利益と前期からの繰越利益からなります。配当金がここから出ていくので，次期に利益が減って配当が支払えない場合を想定して，次期での使用に備えて一定の利益がここに留保されています。

### ⑸　自己株式

　**自己株式**は，自社の株式を購入した場合に表示される名称です。自己株式を取得すると，その取得額は株主資本から控除され，株主資本の末尾にマイナスで表示されます。控除となるのは，自己株式を購入した場合のお金が株主への

一種の分配とみなされ，配当と同じように資本が減ったと捉えられるからです。

## (6) 評価・換算差額等

　純資産の部の2番目は**評価・換算差額等**です。資産の時価評価が行われた場合，評価差額が生じますが，それらを計上するのが評価・換算差額等です。連結財務諸表では名称が異なり，**その他の包括利益累計額**と呼ばれます。なぜ，個別と連結で呼び方が違うかといえば，連結のほうが国際会計基準の影響を受け，時価評価などで生じる差額を利益（包括利益）の一部と見る考え方に立っているからです。

　現在では，時価評価の導入で貸借対照表の利益と損益計算書の利益が一致しなくなっています。これを何とか無理やり「連携」させようとすると，損益計算書のほうに貸借対照表で生じる評価差額を計上しなければならなくなります。その場合，こうした評価差額を**包括利益**と呼び，そうした幅広い利益を示す計算書を**包括利益計算書**と呼ぶようになっています。評価・換算差額等には，その他有価証券評価差額金，土地再評価差額金などがあります。

## (7) 株式引受権

　**株式引受権**とは，取締役の報酬等として株式が無償交付される契約において，株式の発行に権利確定条件（勤務期間や業績の達成など）が付いている場合，権利保有者が株式を受け取る権利をいいます。会社法改正により2021年3月から適用され，純資産において新株予約権とは別の区分に表示されます。

## (8) 新株予約権

　**新株予約権**とは，新株予約権保有者が選択のうえで株式を行使価格によって受け取る権利をいいます。新株予約権付社債の発行によって新株予約権が生じる場合もあれば，ストック・オプション（従業員に新株予約権を報酬として付与する仕組み）によって生じる場合もあります。以前は負債の部に表示されていましたが，行使されれば株式に変わる潜在的な払込資本であることから純資産の部に表示されるようになりました。したがって，新株予約権が行使されると，その分は資本金および資本準備金に振り替えられます。

# 第8章　損益計算書の見方

<学習のポイント>

1．損益計算書の仕組みとは？

　　損益計算書は，企業の経営成績を表示する計算表で収益と費用からなっています。収益は，純資産（資本）を増加させる流入要因，費用は純資産（資本）を減少させる流出要因を意味し，「損益法」と呼ばれる「収益－費用」の計算法によって利益を表示するのが損益計算書です。損益計算書では上から順に，売上総利益，営業利益，経常利益，税引前当期純利益，当期純利益の５つの利益が計算され表示されます。

2．売上総利益・営業利益とは何か？

　　本業（商品・製品の販売など）により得た収益である売上高から，販売の原価である売上原価を控除したのが売上総利益であり，売上総利益から販売費及び一般管理費を控除したのが営業利益です。営業利益は会社の本業の利益を示します。

3．経常利益とは何か？

　　営業利益に，営業外収益から営業外費用を控除した差額を加減算したのが経常利益です。経常利益は，本業からの利益に本業以外の利益（特に金融損益）を加えたものとなります。

4．税引前当期純利益・当期純利益とは何か？

　　経常利益に特別利益を加算し特別損失を減算したのが税引前当期純利益です。税引前当期純利益から法人税，住民税及び事業税が控除され，法人税等調整額が加減算されて，当期純利益が計算されます。

# 1 | 損益計算書の仕組み

## (1) 努力と成果

　**損益計算書**は，企業の経営成績を表示する計算表で収益と費用のグループからなっています。収益は，純資産（資本）を増加させる流入要因を意味し，費用は純資産（資本）を減少させる流出要因を意味します。その差し引き計算の差額によって**利益**を表示するのが損益計算書です。

　先に述べたように，貸借対照表では利益は，財産法と呼ばれる「期末純資産－期首純資産＝利益」という計算方法によって，純資産の増加として表示されます。損益計算書は，この純資産の増加を，期末から期首の控除ではなく，増加させる要因から減少させる要因を差し引く方法で次のように計算します。

収益－費用＝利益

　この計算方法は**損益法**と呼ばれます。財産法では期首と期末の時点のストック（有高）差額から利益が計算されるのに比べて，損益法ではその期間内で生じる流入（収益）と流出（費用）のフロー（流出入）差額から計算されるのが特徴です。損益計算書は図表8−1のようになります。収益が費用を上回るので右側に差額が生じますが，複式簿記は左右を一致させる形式をとるので，利益は左側に表示されます。

### 図表8−1　損益計算書の基本的な仕組み

損益計算書

| 経営の努力 | 費　用 | 収　益 | 経営の成果 |
|---|---|---|---|
| | 利　益 | 差　額 | |

　企業経営という点から見ると，**収益は経営の成果，費用は経営の努力**を表します。したがって戦後長らくは，貸借対照表よりも損益計算書が重視されてきました。なぜならば，経営状況を見るには，その努力と成果を示し，利益が生まれる要因を表す損益計算書のほうが，経営の結果的な断面しか表さない貸借対照表よりも適していると考えられたからです。

　したがって，当然のことながら利益と現金も違ってきます。利益は，努力と成果による企業経営の結果を表すもっとも重要な指標ですが，それは実体的なものではなく，財務諸表の計算上においてのみ把握されるものであるといえます。

　また損益計算書では次に述べるように，基本的に評価益を計上しません。最近のように貸借対照表のほうで時価評価がされるようになりましたが，その評価差額は貸借対照表では計上されても損益計算書には示されません。そうした評価差額を損益計算書に入れようとすると，性格が変わってしまうので損益計算書と呼ぶことができなくなります。先に述べたようにそれは包括利益計算書と呼ばれます。包括利益計算書は国際会計基準の影響により，今では連結財務諸表に導入されるようになっています。

### (2)　損益計算書の仕組み

　損益計算書の具体的な仕組みは次頁のようなものです。図表 8 - 1 では左右に並べる形（複式簿記から作られる形）でしたが，実際の損益計算書は利益の性格に従って縦に並べる形式で表されます。

　損益計算書では上から順に，売上総利益，営業利益，経常利益，税引前当期純利益，当期純利益の 5 つの利益が計算され表示されます。

```
Ⅰ 売上高
Ⅱ 売上原価
         売上総利益  ⎫
                    ⎬ 本業の利益
Ⅲ 販売費及び一般管理費
         営業利益   ⎭

Ⅳ 営業外収益
Ⅴ 営業外費用        ⎫
         経常利益    ⎬ 本業の利益に本業外の経常部分を加えた利益
                   ⎭
Ⅵ 特別利益
Ⅶ 特別損失         ⎫
     税引前当期純利益  ⎬ 特別（臨時）の利益・損失を加減算した利益
                   ⎭
  法人税，住民税及び事業税
  法人税等調整額      ⎫
         当期純利益   ⎬ 税金控除後の最終利益
                    ⎭
```

## 2 │ 売上総利益・営業利益とは何か

### (1) 売上総利益

　本業（商品・製品の販売やサービスの提供）により得た収益である**売上高**（営業収益ともいう）から，それらの販売の原価である売上原価を控除したのが売上総利益です。

売上高－売上原価＝売上総利益

　**売上総利益**は，粗利益（あらりえき）やマージンとも呼ばれ，企業にとってもっとも重要な利益の源泉となります。

　**売上原価**は，業種によって含まれる項目が異なります。商品売買を主とする業種の場合，売上原価は販売商品の仕入高です。サービス提供を主とする業種の場合，売上原価はありません（売上高を営業収益と呼ぶ場合が多い）。製品製造の業種の場合の売上原価は製品の製造原価が中心となります。製造業の分析では製造原価が重要となります。なぜならばその中に工場等の製造過程で働く

従業員の人件費（労務費）やそこでの減価償却費などが含まれているからです。

## (2)　営業利益

次に，売上総利益から販売費及び一般管理費を控除することで，営業利益が計算されます。**営業利益**は，会社の本業の利益を示します（会計では本業のことを「営業」といいます）。

売上総利益－販売費及び一般管理費＝営業利益

**販売費及び一般管理費**（販管費と略称される）は，営業部門による販売活動の費用（販売費）および本社による企業全体の管理活動における費用（一般管理費）の合計を表します。販管費は現在では損益計算書では一括表示しかされないので，注記を見てどのような項目があるかを確認する必要があります。

そのようにして導かれた営業利益は本業から得た利益を表すものとなります。営業利益の大小が，企業の中心となる本業（会計では営業活動）での収益力の程度を示すことはいうまでもありません。本業で利益が出ているかどうかは企業評価の大きな分かれ目となります。

## 3 ┃ 経常利益とは何か

企業は本業以外にも収益活動を行っています。本業以外の活動の主要なものは金融投資活動ですが，金融経済化の進展の中で最近は，そうした本業以外の活動に力を注ぐ企業も多くなっており，それを読み取ることが重要となります。

営業利益に，営業外収益から営業外費用を控除した差額を加減算したものが**経常利益**です。経常利益は，本業からの利益に本業以外の利益，とくに金融損益を加えたものとなります。営業外収益と営業外費用を対応させて計算することになります。

営業利益＋（営業外収益－営業外費用）＝経常利益

　営業外収益には，受取利息や受取配当金，有価証券売却益などの金融収益や賃貸料などのその他の収益があり，**営業外費用**には，支払利息，社債利息，有価証券売却損などの金融費用や賃借料などのその他の費用があります。

　こうした本業以外の活動も企業の経常的な活動の一部であることから，特に日本では経営活動全体の業績や収益力を示す指標として営業利益以上に経常利益が重視されてきています。

# 4 ┃ 税引前当期純利益・当期純利益とは何か

## (1) 税引前当期純利益

　企業は経常的な活動のほかに，臨時で特別な活動や事象も生じます。そうしたことから生まれる臨時で特別な利益や損失が，**特別利益**であり**特別損失**です。経常利益に特別利益を加算し特別損失を減算したのが，**税引前当期純利益**です。

　特別利益には，固定資産売却益や投資有価証券売却益などがあり，特別損失には，固定資産売却損や固定資産廃却損，投資有価証券売却損などがあります。特に特別損失には，近年，リストラ費用である「事業構造改善費用」や減損会計の適用による「減損損失」が計上されるケースも多くなっています。

　税引前当期純利益は，読んで字のごとく，税金を差し引く前の当期純利益を表します。基本的にはこの利益額に税率を乗じたものが税額となります。

## (2) 当期純利益

　税引前当期純利益から法人税，住民税及び事業税が控除され，法人税等調整額が加減算されて，**当期純利益**が計算されます。法人税等調整額は，会計上の利益と税法上の利益（所得）の相違を調整するために，法人税を繰り延べたり繰り入れたりするものです。当期純利益はその期に企業が得た最終的な利益であり，この利益が株主の配当に使われ，企業の内部に留保されます。

　以前は，当期純利益は「利益処分計算書」において配当や内部留保などへ処分されましたが，新しい会計基準と会社法では，利益処分計算書に代わる**株主資本等変動計算書**の中で，剰余金の変動と処分として表示されます。

# 第9章 キャッシュ・フロー計算書の見方

<学習のポイント>

1. キャッシュ・フロー計算書とは何か？

　　キャッシュ・フロー計算書は，企業に流出入するキャッシュの動きと残高を開示する計算表であり，キャッシュとは，現金及び現金同等物をいいます。キャッシュ・フロー計算書では，営業活動によるキャッシュ・フロー，投資活動によるキャッシュ・フロー，財務活動によるキャッシュ・フローの3つが表示されます。

2. 営業キャッシュ・フローとは何か？

　　営業活動によるキャッシュ・フローは，本業（会計では営業活動）から得られるキャッシュ・フローを示すもので，損益計算書の営業利益を計算する過程でのキャッシュの動きを表します。

3. 投資キャッシュ・フローとは何か？

　　投資活動によるキャッシュ・フローは，有形固定資産の購入，売却などの設備投資や金融投資にかかわるキャッシュ・フローを示すもので，企業の投資活動の程度を表します。

4. 財務キャッシュ・フローとは何か？

　　財務活動によるキャッシュ・フローは，株式発行や，社債発行，借入れ，配当金支払いなどの財務にかかわるキャッシュ・フローを示すもので，資金調達や資金返済の動向を表します。

## 1 キャッシュ・フロー計算書とは何か

### (1) キャッシュとは何か

キャッシュ・フロー計算書は，企業に流出入するキャッシュの動きと残高を

開示する計算表です。**キャッシュ**とは，**現金及び現金同等物**をいいます。キャッシュ・フロー計算書は，企業における現金収入と現金支出にほぼ近いものを表すものということができます。

　損益計算書で述べたように，収益・費用は現金収入・現金支出とは異なることから，現金収支に近いものを示すことが必要となってきました。というのは「勘定合って銭足らず」という言葉があるように，利益は出ても現金が足りなくて支払いに困ることが生じるからです。それが中小企業などにおいて，利益があるのに倒産に追い込まれる「黒字倒産」という問題を生じさせることになります。したがって損益とは別に資金の情報が重要となります。

　それを従来は資金繰りと呼んでいました。資金がどのように回っているかを示すためにアメリカでは様々な試みが行われ，結局，現在のキャッシュ・フロー計算書が国際的に使われるようになりました。

　その場合のキャッシュは，現金（複式簿記の現金勘定）そのものではありません。「現金」（当座預金や普通預金を含む）のほかに容易に換金可能な「現金同等物」（定期預金や価値変動のリスクがほとんどないコマーシャルペーパーなど）が「キャッシュ」とされます。キャッシュ・フロー計算書は，日本では2000年から証券取引法において第3の財務諸表として導入されました。それは上場会社等を対象としているので，連結キャッシュ・フロー計算書が求められます。会社法では規定がないので，個別のキャッシュ・フロー計算書は求められません。

## (2)　キャッシュ・フロー計算書の仕組み

　キャッシュ・フロー計算書は，3つのキャッシュ・フロー活動を区分する形式で次の図表9-1のように表示されます。

図表9-1　キャッシュ・フロー計算書の基本的仕組み

キャッシュ・フロー計算書

```
Ⅰ　営業活動によるキャッシュ・フロー
Ⅱ　投資活動によるキャッシュ・フロー
Ⅲ　財務活動によるキャッシュ・フロー
　　現金及び現金同等物の純増減額
　　現金及び現金同等物の期首残高
　　現金及び現金同等物の期末残高
```

　3つのキャッシュ・フローとは，営業活動によるキャッシュ・フロー，投資活動によるキャッシュ・フロー，財務活動によるキャッシュ・フローです。
　こうした3つのキャッシュ・フロー活動が何を示すかについて見てみましょう。

## 2 ┃ 3つのキャッシュ・フロー

### (1)　営業活動によるキャッシュ・フロー

　まず第1の営業活動によるキャッシュ・フローです。これは本業（会計では営業活動）から得られるキャッシュ・フローを示すもので，損益計算書の営業利益を計算する過程に対応します。
　表示の仕方に直接法と間接法がありますが，ほとんどは間接法で作られています。なぜ間接法となるかといえば，直接法にするためには複式簿記だけではできないからです。キャッシュ勘定を特別に作って通常の簿記とは異なる集計をしない限り，直接法にすることはできません。間接法は，複式簿記から作られる損益計算書を組み替える形で行われます。その結果，かなり読み取るのに手間のかかる表示となります。
　間接法では，税引前当期純利益から出発し計算をさかのぼって現金支出を伴わない減価償却費や引当金繰入などをプラスし，さらに現金収入とはならない売上債権の増加分などをマイナスし，現金支出とはならない仕入債務などをプ

ラスしてキャッシュ・フローが計算されます。つまり，利益計算の過程におけ
る現金収支を伴わないものを加減算するわけです。それは税引前当期純利益か
ら出発して損益計算書をさかのぼって計算するような形となります。

　営業活動のキャッシュ・フローは，本業から得られるキャッシュ・フローを
示すもので，それがプラスかマイナスかは本業の活動の成否を表す重要な情報
です。一般にはプラスとなるのが普通で，プラスが大きいほど本業の発展を示
します。営業活動から得るキャッシュ・フローが企業活動の基本となるので，
マイナスとなる場合は要注意です。

## ⑵　投資活動によるキャッシュ・フロー

　2番目の**投資活動によるキャッシュ・フロー**は，有形固定資産や投資有価証
券の購入，売却などの設備投資や金融投資にかかわるキャッシュ・フローを示
すものです。企業の投資活動の程度を表します。投資が積極的に行われている
企業では，投資活動によるキャッシュ・フローがマイナスとなります。という
のは有形固定資産取得による支出や投資有価証券取得による支出が増えるから
です。その資金がどこから来るものであるか，支出先が設備投資なのか金融投
資であるかなどの分析が必要ですが，投資活動によるキャッシュ・フローがマ
イナスの企業は順調な発展過程にあると見ることができます。

　投資活動によるキャッシュ・フローがプラスとなるのは，投資を引き上げて
固定資産や投資有価証券の売却などを行う場合です。その場合には，どのよう
な投資分が現金化されたのか，どのような資金事情にあるかなどの検討が必要
となります。

　投資活動によるキャッシュ・フローのマイナス・プラスの評価は，営業活動
によるキャッシュ・フローや財務活動によるキャッシュ・フローとの関連やバ
ランスを見て行わなければなりません。

## ⑶　財務活動によるキャッシュ・フロー

　3番目の**財務活動によるキャッシュ・フロー**は，株式発行や，社債発行，借
入れ，配当金支払いなどの財務にかかわるキャッシュ・フローを示すものです。
資金調達や資金返済などの動向を表します。株式発行や銀行からの借入れなど

の資金調達を行えばプラスになり，借入金の返済や配当金支払いを行えばマイナスになります。

　営業活動によるキャッシュ・フローがプラスで資金に余裕がある場合には，資金調達は不要となり資金返済なども行われるので，財務活動によるキャッシュ・フローはマイナスになる傾向となります。設備投資などで多額な資金が必要となり資金調達が必要になる場合には，社債発行や借入れなどが行われプラスになることもあります。こうした資金調達や返済がどのような企業の活動と関連して行われたかを見ることが重要です。

　これら3つの活動によるキャッシュ・フローの増減は最終的に，現金及び現金同等物の増減となって算定されます。現金及び現金同等物が増となるか減となるかは重要な点です。現金及び現金同等物の保有度合いは，支払能力も含めて企業の基礎体力を判断するうえで有効といえます。

第10章　経営分析の方法

＜学習のポイント＞
1．経営分析とは何か？
　経営分析とは，公表された財務諸表や報告書を分析の対象として，数値を解釈したり比率等を使用して，数値の背後に隠されたものを推理し，企業の実態を明らかにすることをいいます。
2．安全性分析とは何か？
　安全性分析（または安定性分析）とは，企業の債務返済能力の有無などについて企業の安全性・安定性を評価するための比率分析をいいます。安全性の比率には，流動比率，当座比率，固定比率，自己資本比率などがあります。
3．収益性分析とは何か？
　収益性分析とは，利益を稼得する能力である企業の収益力を示す収益性を評価するための比率分析をいいます。収益性の比率は，資本利益率を中心に，それを分解して求められる各種の売上高利益率と資本回転率から構成されます。

## 1　経営分析とは何か

経営分析とは，公表された財務諸表やその他の報告書を分析の対象として，数値の解釈と一定の比率等の使用により企業の実態を明らかにする会計学の専門分野をいいます。

経営分析は，財務諸表の仕組みと内容を理解し，それぞれの項目の意味を解釈し推定することから始まります。その項目と数値の背後に隠されたものを推理するのが，経営分析であるといってもよいでしょう。

本章では基本的な比率分析について見てみましょう。比率分析とは，関連性のある項目間の比率を算定して1企業の期間比較や複数企業の企業間比較など

を行い，企業の動向や状態を分析することをいいます。

　基本的な比率分析には，安全性分析，収益性分析などがあります。以下で詳しく検討しましょう。

# 2 ｜ 安全性分析

　**安全性分析**（または安定性分析）は，企業の安全性・安定性を評価するための比率分析です。安全性とは企業にとって倒産などのリスクのないことを意味しますが，その中心は支払能力の大小です。企業は一般に，銀行などの金融機関からの借入れや取引先への債務などを抱えていますが，それら債権者に対して資金弁済の能力があるかどうかが問題となります。

　以下の比率はそうした支払能力を様々な項目間の比較で測ろうとするものです。

### (1)　流動比率

　**流動比率**は，流動資産と流動負債の比較によって支払能力を示そうとするものです。双方ともに１年以内ないしはそれに近い期間（正常営業循環）で，現金となったり現金で支払われたりする項目であるので，返済すべき流動負債に対して流動資産が十分に準備されているかどうかを見なければなりません。流動比率はそうした流動負債の弁済能力を見る比率で，次のような算式で計算されます。

$$流動比率（\%） = \frac{流動資産}{流動負債} \times 100$$

　流動比率は，一般に200％以上が理想であるとされますが，上場企業で200％に達している企業は３割程度であるといわれています。業種の平均と比較しながら流動比率の推移を分析することが必要です。

### (2)　当座比率

　流動負債の弁済をさらに確実に保障するのは当座資産です。当座資産が流動

資産の中でもより換金性の高い資産であることはすでに述べたとおりです。当座比率は，より高い支払能力の程度を当座資産と流動負債の比較により示そうとするもので，次の算式によって計算されます。

$$当座比率（\%）= \frac{当座資産}{流動負債} \times 100$$

当座比率は，一般に100％以上が理想であるとされますが，流動比率と同様にそれに達している企業はあまり多くありません。売上債権も大きければいいというものではありませんし，当座資産は近年，小さくなる傾向にあります。現金預金（連結財務諸表では現金及び現金同等物）の変動も影響してきます。当座比率の推移はそうした企業の動向を見ながら分析しなければなりません。

## (3) 固定比率

流動部分に続いて，次は固定部分にかかわる支払能力についてです。固定資産は本業の活動を支える設備投資などの基幹部分ですが，資金が長期に固定化されるので，その資金源が返済を必要とするかしないかは安定的な経営にとって重要な問題です。もっとも安全な資金は返済を必要としない自己資本です。固定比率は，固定資産を自己資本（純資産）でどの程度支えているかを示す比率で，次のような算式で計算されます。

$$固定比率（\%）= \frac{固定資産}{自己資本（純資産）} \times 100$$

自己資本で固定資産をまかなうのが理想であるので，固定比率は100％以下が望ましいとされています。

## (4) 自己資本比率

自己資本比率とは，総資本（総資産）に占める自己資本の割合を示すものです。自己資本は返済の必要のない資金であることから，企業全体に占めるそうした資金の割合は企業の安定性を示す重要な指標となります。また自己資本は基本的に株主からの払込資本と留保利益から成り立っていますが，自己資本拡

大の中心は留保利益であるので，自己資本比率は留保利益の蓄積度合を間接的
に示すものともなります。自己資本比率が高いほど，その企業は安全で内部留
保の大きい企業であるということができます。

自己資本比率は次のような算式で算定されます。

$$自己資本比率（\%）= \frac{自己資本}{総資本（総資産）} \times 100$$

しかし，後に述べるような**自己資本当期利益率**（ROE）との関係で次のよ
うな問題が生じます。ROEは当期利益を分子，自己資本を分母として計算さ
れるので自己資本が大きくなると，ROEが低下し自己資本比率とは反比例の
関係が生じます。ROEは株価予測の重要な指標であるとされるので，ROEを
高めるには自己資本を低くしなければなりません。欧米の企業ではそのために
低利の負債を増やすことも行われます。

# 3 ｜ 収益性分析

**収益性分析**とは，企業の収益力を示す収益性を評価するための分析をいいま
す。収益力とは利益を稼得する能力であり，企業活動に不可欠のものです。企
業は，収益力がなくなれば，安全性も損なわれ倒産に至ります。収益力は企業
に要求される根本的な能力であるといえます。利益は，すでに見たように，損
益計算書で算出過程とともに詳細に示されます。

収益性は，貸借対照表と損益計算書とを関連づけて分析されます。そこでは
主として資本との比較で様々な比率が使われます。収益性はまた，損益計算書
をベースに分析されます。そこでは主として売上高との比較で様々な比率が使
われます。さらにそれと密接に関連して資本運用効率も重要な役割を果たしま
す。

以下でそれぞれの比率を見ていきましょう。

## (1) 資本利益率の分解

**資本利益率**は，資本をベースに種々の利益を比較する指標です。企業活動の

基本は，投下された資本を運用して利益を生み出すことにあるので，資本利益率は，企業の根幹となる収益力を表すものといえます。資本利益率は，売上高利益率と密接に関連しています。それは**資本利益率の分解**という形で表されます。それは次のような関係となります。

$$資本利益率＝売上高利益率×資本回転率$$

資本利益率が売上高利益率と資本回転率に分かれるのが，資本利益率の分解です。これを算式で示してみましょう。

$$\frac{利益}{資本} = \frac{利益}{売上高} \times \frac{売上高}{資本}$$

つまり資本利益率は，売上高利益率と資本回転率の合成によって成り立つわけです。これは資本利益率を高めるには，売上高利益率を高める方向と資本回転率を高める方向の２つがあることを示唆しています。売上高利益率は収益性を，資本回転率は資本運用効率を示す比率です。資本利益率はそうした比率を総合した企業力を表す指標であるといえます。こうしたことから資本利益率は企業にとってもっとも重要な管理指標とされています。具体的な比率について見てみましょう。

## (2) 資本利益率

$$総資本営業利益率（％）= \frac{営業利益}{総資本} \times 100$$

**総資本営業利益率**は，投下された総資本（総資産）により生み出された営業利益の割合を示すものです。資本は企業に投下された資金量を意味するので，それがどう有効に（効率よく）本業の利益に結実したかを表しているといえます。

$$総資本経常利益率（\%）= \frac{経常利益}{総資本} \times 100$$

　**総資本経常利益率**は，投下された総資本により生み出された経常利益の割合を示すものです。総資本には本業の活動以外の金融活動にかかわる部分も含まれているので，総資本と比較するには経常利益が適しているといえるかもしれません。総資本営業利益率および総資本経常利益率は，企業全体を示す総資本（資産合計）をどのように活用して経営したかを示すので，経営者の観点から見た利益率であるといえます。

$$自己資本当期利益率（\%）= \frac{当期純利益}{自己資本} \times 100$$

　**自己資本当期利益率**（**株主資本利益率**ともいう）は，株主の観点から見た資本利益率であるという特徴をもっています。総資本には外部からの資金（他人資本）も入っていますが，自己資本は株主の払込資本と留保利益からなっており，全体が株主の持分とされます。したがって自己資本は株主資本（Equity）ともいわれます。当期純利益（Return）は株主資本の増加であるので，その関係を表す比率は**ROE**（Return on Equity）という略称で呼ばれます。自己資本当期利益率は株主資本の増加の度合いを表すことになります。株主にとっては，自分の持分の変化を表す株主資本利益率がもっとも重要な指標であるといえます。

　ROEを高めるには，自己資本をどの程度にするかが焦点となります。安全性の自己資本比率を高めると，自己資本が大きくなってROEが下がってしまいます。そのためには自己資本の額をある程度，抑えなければなりません。そこで低利子の負債を調達して自己資本を減らす方策がとられます。どのくらいの自己資本を保持するかは各企業の財務戦略によって決定されることになります。

## (3)　売上高利益率

　資本利益率を分解すると売上高利益率と資本回転率になりますが，**売上高利**

益率のほうは，売上高をベースにして種々の利益を比較する指標です。売上高は企業にとって利益の源泉をなす出発点で，そこから様々な費用が差し引かれ，営業外や特別の損益が加減算されて利益が計算されます。売上高に対する利益の割合は，損益計算書の仕組みが示す企業の努力と成果の程度を表すものでもあります。それぞれの利益の特徴についてはすでに述べたので，比率の算式とその意味を関連する指標にも触れながら見てみましょう。

$$売上総利益率（\%）= \frac{売上総利益}{売上高} \times 100$$

**売上総利益率**は，商品や製品そのものの収益力を示します。販売力のある商品・製品を開発した場合や原価削減を実現した場合には，売上総利益率は高くなります。原価に焦点を当てる場合，売上原価を分子にした売上原価率も使われます。最近はコストの切下げで利益率を高めようとする傾向が強くなってきています。

$$売上高営業利益率（\%）= \frac{営業利益}{売上高} \times 100$$

**売上高営業利益率**は，本業による収益力を示します。売上総利益から販売費及び一般管理費（「販管費」と略称）を差し引いたものが営業利益であるので，販管費の大小は大きく関係します。販管費を分子にした売上高販管費率も使われます。また人件費を取り出して売上高人件費率を計算する場合もあります。

$$売上高経常利益率（\%）= \frac{経常利益}{売上高} \times 100$$

**売上高経常利益率**は，企業の経常的な活動，すなわち本業と本業以外のものを含めた総合的活動による収益力を示します。営業外損益の中心は金融損益であるので，経常利益率が営業利益率を上回った分は，その企業の金融活動による収益力を表すと見ることができます。

$$売上高当期利益率（\%）= \frac{当期純利益}{売上高} \times 100$$

　**売上高当期利益率**は，企業の最終的な収益力を示すものです。特別利益・特別損失のような臨時の損益が加わっているので，企業間比較などにはあまり有効ではありません。しかし，当期純利益が株主への配当や内部留保の源泉となるので，当期利益率の推移は利益処分の動向を見るうえで重要なものとなります。

## (4)　回転率

　資本利益率を構成するもう1つの**資本回転率**は，資本運用効率を示す比率です。**回転率**の基本は常に分子に売上高が置かれるという点にあります。分母に入るものが何回繰り返されれば（何回分で）売上高に達するかを表すことから回転率と呼ばれるようになりました（したがって単位は回です）。それが資本であれば次のような資本回転率となります。

$$総資本回転率（回／年）＝\frac{売上高}{総資本}$$

　スリムな資本で多額な売上高を得ることができれば，資本回転率は高くなるというように，回転率は運用効率を示します。分母に棚卸資産や売上債権，有形固定資産などを入れて，それぞれの回転率を示すこともできます。分母に入る項目の金額が小さい場合は，年間売上高ではなく月間の売上高（月商という）や1日の売上高（日商という）を使います。棚卸資産回転率の例で示すと次のようになります。

$$棚卸資産回転率（回／月）＝\frac{月　商}{棚卸資産}$$

　以上のように分析の目的に応じて様々な比率を使いこなさなければなりません。

　これまで述べてきた安全性分析や収益性分析の比率は，経営分析の基本となるものです。実際の分析ではさらに応用が必要となりますが，まずは基本を理解して応用のための基礎力を養いましょう。

# 第11章　原価計算

1．原価計算とは何か？

　　原価計算とは，製品の製造・販売，サービスの提供にかかった金額（原価）を計算する手続です。原価計算は，主に製品を製造する製造業において用いられますが，サービス業においても用いられます。

2．原価計算の目的は？

　　企業は，原価計算基準に従って原価計算を行います。原価計算基準では，原価計算の目的として財務諸表作成目的，価格計算目的，原価管理目的，予算管理目的，経営基本計画設定目的の5つを掲げています。

3．原価の構成要素は？

　　原価は，製造原価と販売費および一般管理費に大別されます。製造原価の構成要素は分類のしかたにより，材料費・労務費・経費，直接費・間接費，変動費・固定費などに区分されます。

4．原価計算の種類は？

　　原価計算の種類は，製品の生産形態によって分類することができます。受注生産品の製造には個別原価計算が，大量生産品の製造には総合原価計算が用いられます。

5．個別原価計算の計算方法は？

　　個別原価計算では，まず製造原価を製造直接費と製造間接費に分類します。次に，製造直接費は各製品に直接割り当て，製造間接費は配賦基準によって各製品に配賦します。

6．総合原価計算の計算方法は？

　　総合原価計算は，まず1カ月に消費した当月製造費用を集計します。次に，未完成品である月末仕掛品の原価を計算し，当月製造費用から月末仕掛品原価を差し引いて完成品原価を算定します。

# 1 ｜ 原価計算とは何か

　**原価計算**とは，企業が製品を製造・販売，あるいはサービスを提供する際に，どのくらいの金額を費やしたのかを計算する手続のことです。原価計算は，主に製造業（メーカー）で用いられますが，サービス業においても用いられます。

　企業は図表11-1に示されるように，仕入先から原材料等を購入し，それらを工場で加工して製品を製造します。その後，企業は製造した製品を市場で販売することにより，利益を得ます。このとき，企業は製品を製造・販売するためにどのくらいの金額を費やしたのかを把握していなければ，製品の価格を決定することができませんし，利益を計算することもできません。そこで，製品の製造活動，販売活動にかかった金額である**原価**を計算するために，原価計算が必要になります。

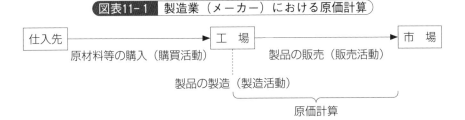

**図表11-1　製造業（メーカー）における原価計算**

# 2 ｜ 原価計算の目的と原価計算制度

## (1)　原価計算基準と原価計算の目的

　企業が原価計算を行う際には，原価計算の基本的な枠組みを規定した**原価計算基準**に従うことになります。原価計算基準は，企業会計原則の一環として1962年に大蔵省企業会計審議会から公表されました。原価計算基準では，原価計算を行う目的として次の5つを挙げています。

### ① 財務諸表作成目的

　企業は，財務諸表を公表することにより，経営活動の成果をステークホルダー（利害関係者）に報告します。その財務諸表を構成する貸借対照表および損益計算書の作成に際して，原価計算が必要になります。貸借対照表では，資産の部の棚卸資産である製品（完成品の在庫），仕掛品（未完成品），原材料（原材料の有高）といった原価情報を提供します。また損益計算書では，売上原価の算定の基礎となる製造原価，販売費及び一般管理費といった原価情報を提供します。原価計算の提供する原価情報は，財務諸表の一部にすぎませんが，原価計算によって原価情報が提供されないと財務諸表を作成することができません。

### ② 価格計算目的

　企業が製品の価格を設定する方法はいくつかありますが，原価計算基準では原価に一定の利益を上乗せして価格を決定する価格形成（原価＋利益＝価格）を想定しています。政府が企業から購入する物品，オーダーメイドの製品，公共料金の設定などに価格形成による価格計算が用いられます。この価格形成による価格計算は，原価にもとづいて価格が決定されるため，原価計算が必要となります。他方，企業が市場において，どのような価格設定を行えば顧客に購入してもらえるかといった価格政策は，以下の④予算管理目的に含まれます。

### ③ 原価管理目的

　売上高の増大が見込めない状況において，企業が利益を増大させるためには，原価を引き下げる必要があります（売上高 − ↓原価 ＝ ↑利益）。この原価引き下げのために，原価管理が行われます。原価管理には，目標となる水準に原価を抑える原価維持と経営構造の変革によって原価を引き下げる原価低減がありますが，原価計算基準では原価維持を想定しています。原価維持では，製品の製造前にあらかじめ目標となる標準原価を設定し，それを製品の製造後に計算される実際原価と比較して差異を計算します。さらに，その差異が発生した原因を分析し，製品の製造に関わる改善を行います。こうした原価管理の一連の手続きにおける標準原価の設定，実際原価の算定，原価差異の計算・分析に原

価計算が必要になります。

#### ④　予算管理目的

　企業は，予算編成および予算統制からなる予算管理に従って経営活動を行います。予算とは，次年度における企業の具体的な活動計画を金額で表したものであり，企業経営の目標値となります。企業は，次年度の会計期間が始まる前に予算編成を行い，次年度の目標値となる見積財務諸表を作成します。この見積財務諸表の作成に必要な原価を算定する際に，原価計算が用いられます。また，企業は目標値である予算を達成できたかどうかをチェックするため，見積財務諸表と財務諸表（決算書）を突き合わせて差異を分析し，経営活動の改善に活かす予算統制を行います。この予算統制の際にも，実際に発生した原価の算定，差異の計算・分析に原価計算が必要になります。

#### ⑤　経営基本計画設定目的

　企業は，経営環境の変化に合わせて，工場の建設，設備投資といった経営構造に関わる基本計画を立案します。こうした経営基本計画は長期にわたるため，予算とは別の長期的なプロジェクトを組み，採算が取れるかどうかを事前に予測します。経営基本計画の立案に際しては，製品市場や競合他社の動向などの情報が重要となります。一方，経営基本計画が実現可能かどうかを判断するための情報として原価情報も用いられるため，原価計算が必要になります。

### (2)　原価計算制度と特殊原価調査

　原価計算基準では図表11-2に示されるように，上記の原価計算の目的のうち①財務諸表作成目的，③原価管理目的，④予算管理目的を**原価計算制度**（原価会計）として位置づけています。原価計算制度とは，財務会計機構と有機的に結びつき，常時継続的に行われる原価計算の手続のことをいいます。

　他方，⑤経営基本計画設定目的は，財務会計機構の枠外において随時断片的に行われるため，原価計算基準では原価計算制度とは位置づけず，**特殊原価調査**とよばれます。

　なお，②価格計算目的の位置づけについては，原価計算基準において明言さ

れていません。

図表11-2 原価計算の目的と原価計算制度，特殊原価調査

① 財務諸表作成目的 ┐
② 価格計算目的 │
③ 原価管理目的 ├── 原価計算制度
④ 予算管理目的 ┘
⑤ 経営基本計画設定目的 ──── 特殊原価調査

# 3 原価の構成要素

　原価とは，製品の製造・販売，あるいはサービスの提供に関わらせて把握された金額のことであり，**製造原価**と販売費および一般管理費に大別されます。

　製造原価は，製品を製造するためにかかった金額のことです。他方，販売費および一般管理費は，製品の販売活動，企業全般の管理にかかった金額のことです。この製造原価と販売費および一般管理費を合わせた原価は，**総原価**とよばれます。

　製造原価については，以下の分類のしかたにより，その構成要素が異なります。

## (1) 形態別分類

　形態別分類とは，原価の発生形態による分類のことであり，製造原価を材料費・労務費・経費に区分します。

　材料費は，原材料，部品，工具などの物品を消費することによって発生する原価のことです。労務費は，製品を製造するための労働力を消費することによって発生する原価であり，人件費のことです。経費は，材料費，労務費以外の資源を消費することによって発生する原価であり，機械や工場建物の減価償却費，水道光熱費などが挙げられます。

## (2) 製品との関連における分類

　製品との関連における分類とは，製品の製造のために直接的に消費されたか

否かによる分類のことであり，製造原価を直接費と間接費に区分します。

　直接費は，特定の製品のみに直接的，個別的に発生する原価のことです。間接費は，2種類以上の製品を製造するために共通的に発生し，特定の製品のために消費されたことを直接的に把握できない原価のことです。たとえば，図表11-3に示されるように，ある工場で布製バッグと革製バッグを製造している場合，布製バッグを製造するために発生する布，布製バッグ製造のための人件費は，布製バッグのみに個別的に発生する原価であるため，布製バッグの直接費となります。他方，布製バッグと革製バッグの両方に共通して発生する工場の地代や工場建物の減価償却費は，布製バッグと革製バッグの間接費となります。

**図表11-3　直接費と間接費の例**

| 工　場 | |
|---|---|
| 布製バッグの製造 | 革製バッグの製造 |

直接費：　布，布製バッグ製造の人件費など　　革，革製バッグ製造の人件費など
間接費：　　　　　　　工場の地代，工場建物の減価償却費など

　上記の(1)形態別分類と(2)製品との関連における分類を組み合わせることにより，製造原価は図表11-4に示されるように直接材料費，間接材料費，直接労務費，間接労務費，直接経費，間接経費の6つに細分できます。また，直接材料費，直接労務費，直接経費の合計は製造直接費とよばれ，間接材料費，間接労務費，間接経費の合計は製造間接費とよばれます。図表11-5では，ここまで学習した原価の構成について示しています。

**図表11-4　原価要素の分類**

| 形態別分類 | 製品との関連における分類 | |
|---|---|---|
| 材料費 | 直接材料費 | 間接材料費 |
| 労務費 | 直接労務費 | 間接労務費 |
| 経　費 | 直接経費 | 間接経費 |
| | 製造直接費 | 製造間接費 |

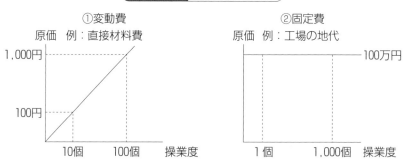
図表11-5 原価の構成

| | | | 販売費および一般管理費 | 総原価 |
|---|---|---|---|---|
| | 間接材料費 | 製造間接費 | 製造原価 | |
| | 間接労務費 | | | |
| | 間接経費 | | | |
| 直接材料費 | 製造直接費 | | | |
| 直接労務費 | | | | |
| 直接経費 | | | | |

## (3) 操業度との関連における分類

操業度との関連における分類とは，操業度の増減によって，原価の発生額がどのように変化するのかによる分類のことであり，製造原価を変動費と固定費に区分します。操業度は，生産設備の利用度のことであり，生産量，販売量，売上高などで表されます。

変動費は図表11-6の①に示されるように，操業度に比例して発生する原価であり，その典型として直接材料費が挙げられます。たとえば，製品1個当たり10円の材料を用いていれば，製品を10個生産すると100円，100個生産すると1,000円というように直接材料費は操業度に比例して発生します。一方，固定費は図表11-6の②に示されるように，操業度にかかわらず一定額発生する原

図表11-6 変動費と固定費

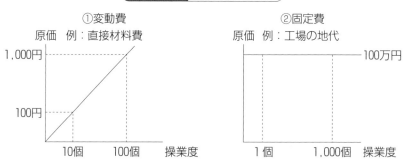

①変動費　原価　例：直接材料費
②固定費　原価　例：工場の地代

価であり，工場の地代がその典型です。たとえば，工場の地代が1カ月100万円であれば，製品を1個生産しても1,000個生産しても操業度にかかわらず1カ月100万円の地代が発生します。

　変動費・固定費に加え，準変動費と準固定費という区分のしかたもあります。準変動費は図表11-7の①に示されるように，操業度がゼロの場合でも一定額の原価が発生し，同時に操業度に比例して増加する原価であり，その典型として公共料金が挙げられます。公共料金は，操業度がゼロの場合にも基本料金がかかり，また使用量に従って料金が発生する従量料金がかかります。他方，準固定費は図表11-7の②に示されるように，ある範囲内の操業度では固定的であり，その範囲を超えると急激に増加する原価です。この典型として監督者給料が挙げられます。たとえば，監督者の給料が1人30万円であり，操業度が0個から1,000個までは1人で対応する場合，監督者給料は30万円となりますが，操業度が1,001個から2,000個になると監督者は2人で対応するため，監督者給料は60万円となります。

### 図表11-7　準変動費と準固定費

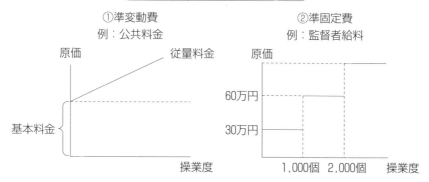

## 4 ｜ 原価計算の種類

　原価計算は，いくつかの観点によって分類することができますが，ここでは図表11-8に示されるように，製品の生産形態の観点から個別原価計算と総合原価計算に大別します。

　個別原価計算とは，顧客の注文に応じて製品を個別に生産する受注生産（オーダーメイド）において採用される原価計算です。工場の規模が小さく，比較的単純な作業によって製品を受注生産する場合には，単純個別原価計算が用いられます。また，工場の規模が大きく，いくつかの部門を経て製品を受注生産する場合には，部門別個別原価計算が用いられます。

　他方，**総合原価計算**とは，同じ規格の製品を連続して大量生産する場合に採用される原価計算です。総合原価計算は，同種の製品を連続して大量生産する際に用いられる単純総合原価計算，同種であるが大きさや重量などが異なる大量生産品に用いられる等級別総合原価計算，異種の製品を大量生産する際に用いられる組別総合原価計算，複数の工程を経て製品を大量生産する際に用いられる工程別総合原価計算に分類されます。

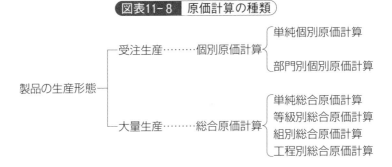

**図表11-8　原価計算の種類**

## 5 ｜ 個別原価計算の計算方法

### (1)　製造指図書の発行と原価計算表による集計

　個別原価計算では，顧客から製品の注文を受けると顧客名，製品の種類，完成日などを記載した製造指図書を発行します。また，製造指図書の発行とともに原価計算表が作成され，この原価計算表にもとづいて製造指図書ごとの製造原価が集計されます。

| 製造指図書 | | No.1 |
|---|---|---|
| 20××年7月1日 | | |
| 顧客名 | 納　期 | |
| 納品場所 | 着手日 | |
| | 完成日 | |

| 品名 | 数量 | 備考 |
|---|---|---|
| テーブル | 1 | |

＋

| 原価計算表 | No.1 |
|---|---|
| 科　目 | 原　価 |
| 直接材料費 | ×× |
| 直接労務費 | ×× |
| 直接経費 | ×× |
| 製造間接費 | ×× |
| 合　計 | ×× |

## (2)　単純個別原価計算の計算手続

個別原価計算には，単純個別原価計算と部門別個別原価計算がありますが，ここでは単純個別原価計算の計算手続についてみていきます。単純個別原価計算は，次の3つの手続に従って計算を行います。

### ①　製造原価の分類

まず，製造原価を製造直接費（直接材料費，直接労務費，直接経費）と製造間接費（間接材料費，間接労務費，間接経費）に分類します。

### ②　製造直接費の賦課（直課）

製造直接費は，各製品に固有に発生する原価であるため，直接材料費，直接労務費，直接経費を各製造指図書に直接割り当てます。この製造直接費を製造指図書へ割り当てる手続は，**賦課**（または直課）とよばれます。

### ③　製造間接費の配賦

製造間接費は，2つ以上の製品に共通して発生する原価であり，工場全体の総額を集計することはできますが，製造指図書ごとの金額はわからないため，何らかの基準によって各製造指図書に配分する必要があります。この製造間接費を各製造指図書へ配分する手続は**配賦**とよばれ，製造間接費を配賦するための基準は配賦基準とよばれます。

**設例1** 次の資料にもとづいて，以下の原価計算表（総括表）を作成してください。
（資料）

| | | No.1 | No.2 |
|---|---|---|---|
| 材料費 | 直接材料費 | 300 | 200 |
| | 間接材料費 | | 450（No.1とNo.2に共通） |
| 労務費 | 直接労務費 | 600 | 500 |
| | 間接労務費 | | 800（No.1とNo.2に共通） |
| 経　費 | 直接経費 | 200 | 100 |
| | 間接経費 | | 250（No.1とNo.2に共通） |

　製造間接費は，直接作業時間にもとづいて配賦します。No.1の直接作業時間は3時間，No.2の直接作業時間は2時間です。

原価計算表（総括表）

| 費　目　＼　製造指図書 | No.1 | No.2 |
|---|---|---|
| 直接材料費<br>直接労務費<br>直接経費<br>製造間接費 | | |
| 合　計 | | |

〈解説〉
　設例1の資料では，個別原価計算の3つの計算手続のうちの①製造原価の分類がすでに行われています。②製造直接費の賦課（直課）は，No.1とNo.2の直接材料費，直接労務費，直接経費の金額を原価計算表にそれぞれ直接記入します。③製造間接費の配賦については，まず製造間接費を集計し，それを配賦基準である直接作業時間にもとづいて配賦します。

製造間接費の集計：450＋800＋250＝1,500

製造間接費の配賦
　　No.1：1,500÷（3時間＋2時間）×3時間＝900

　　No.2：1,500÷（3時間＋2時間）×2時間＝600

〈解答〉

原価計算表（総括表）

| 製造指図書　　　　費　目 | No.1 | No.2 | |
|---|---|---|---|
| 直接材料費 | 300 | 200 | ⎫ |
| 直接労務費 | 600 | 500 | ⎬製造直接費の賦課 |
| 直接経費 | 200 | 100 | ⎭ |
| 製造間接費 | 900 | 600 | ‥‥製造間接費の配賦 |
| 合　計 | 2,000 | 1,400 | |

# 6 ｜ 総合原価計算の計算方法

## (1)　単純総合原価計算の計算手続

　総合原価計算はいくつかの種類がありますが，ここでは単純総合原価計算の計算手続についてみていきます。単純総合原価計算は，同種の製品を大量生産するため，1カ月ごとにまとめて計算します。単純総合原価計算は，以下の3つの手続にもとづいて計算を行います。

　まず第1段階として，当月に消費したすべての原価を集計します。この原価は，当月製造費用とよばれます。次に第2段階として，月末においても完成していない月末仕掛品の原価を計算し，当月製造費用から月末仕掛品原価を差し

総合原価計算の計算のイメージ

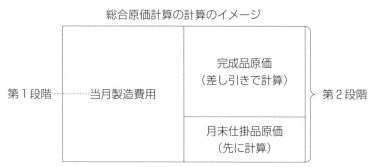

第3段階：完成品単位原価＝完成品原価÷完成品数量

102

引いて完成品原価を計算します。最後に第3段階として，完成品原価を完成した製品の数量で割り，完成品1単位当たりの原価である完成品単位原価を求めます。

## ⑵　月末仕掛品の存在と月末仕掛品原価の計算

単純総合原価計算では，まず未完成品の原価である月末仕掛品原価を先に計算し，当月製造費用から月末仕掛品原価を差し引いて完成品原価を計算するため，月末仕掛品原価の計算が重要となります。

月末仕掛品は，まだ加工途中にある未完成品であるため，月末仕掛品1個と完成品1個の原価は異なります。原材料である直接材料費については，加工作業の最初に全量投入されるため，月末仕掛品1個も完成品1個も同じ金額がかかります。しかし，加工作業に関わる原価である加工費は，加工の進み具合である加工進捗度に応じて徐々に発生するため，月末仕掛品1個と完成品1個の加工費の金額は異なります。そこで単純総合原価計算では，直接材料費と加工費の計算をそれぞれ別に行い，月末仕掛品原価を計算します。

月末仕掛品1個の原価　＜　完成品1個の原価
月末仕掛品1個の直接材料費　＝　完成品1個の直接材料費
月末仕掛品1個の加工費　＜　完成品1個の加工費

### ①　直接材料費の計算

直接材料費は，製品の製造を開始する最初の時点（加工進捗度0％の始点）で投入されるため，月末仕掛品1個と完成品1個の直接材料費は同額となります。そこで，直接材料費は月末仕掛品と完成品の数量にもとづいて按分します。

### ②　加工費の計算

加工費は，加工作業を行うにつれ徐々に発生する原価であり，直接材料費以外の原価である間接材料費，直接労務費，間接労務費，直接経費，間接経費の合計となります。月末仕掛品は途中までしか加工作業を行っていないため，完成品（加工進捗度100％）の数量に直した場合，実質何個分の加工費に相当するのか加工進捗度にもとづいて計算します。この月末仕掛品の加工費が完成品

の実質何個分に相当するかを計算したものは，完成品換算数量とよばれます。

　たとえば，月末仕掛品が10個あり，その加工進捗度が50％である場合，完成品換算数量は月末仕掛品数量に加工進捗度を掛け，5個（10個×50％）と計算されます。この場合，月末仕掛品の数量は10個ですが，その加工費は完成品5個分に相当することを表しています。加工費は，この月末仕掛品の完成品換算数量と完成品数量にもとづいて按分します。

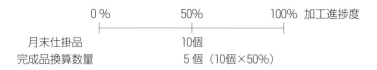

**設例2**　次の資料にもとづいて，月末仕掛品原価，完成品原価，完成品単位原価を求めてください。
（資料）
1．生産データ

　　月初仕掛品　　　0個
　　当月投入　　3,000
　　合　　計　　3,000個
　　月末仕掛品　　200　（40％）
　　完成品　　2,800個

2．原価データ

|  | 直接材料費 | 加工費 |
|---|---|---|
| 月初仕掛品 | 0円 | 0円 |
| 当月投入 | 480,000円 | 403,200円 |

　なお，材料はすべて工程の始点で投入しています。また，（　）内の数値は加工進捗度を表しています。

〈解説〉
　設例2の資料にある月初仕掛品は，先月分の未完成品を表しています。設例2では，月初仕掛品が0個となっているため，ここでは考慮に入れません。
　単純総合原価計算では，直接材料費，加工費のボックス図を用いてそれぞれ計算します。

　① **直接材料費の計算**
　直接材料費は，工程の始点で投入しているため，月末仕掛品と完成品の数量にもとづいて按分します。

直接材料費

(a) 480,000円÷3,000個×200個＝32,000円
(b) 480,000円－32,000円＝448,000円

② 加工費の計算

加工費の計算では，まず加工進捗度を用いて月末仕掛品の完成品換算数量を計算します。次に，月末仕掛品の完成品換算数量と完成品数量にもとづいて加工費を按分します。

加工費

| 403,200円 | 当月投入<br>完成品換算数量<br>2,880個(d) | 完成品<br>2,800個 | 392,000円(f) |
| | | 月末仕掛品<br>80個(c) | 11,200円(e) |

(c) 200個×40%＝80個（月末仕掛品の完成品換算数量）
(d) 2,800個＋80個＝2,880個（当月投入完成品換算数量）
(e) 403,200円÷2,880個×80個＝11,200円
(f) 403,200円－11,200円＝392,000円

最後に，直接材料費，加工費の月末仕掛品，完成品の金額を合計します。
月末仕掛品原価：(a) 32,000円＋(e) 11,200円＝ 43,200円
　完成品原価　　：(b)448,000円＋(f)392,000円＝840,000円
完成品単位原価：840,000円÷2,800個＝300円／個

〈解答〉
　　　　月末仕掛品原価：43,200円　　　　完成品原価：840,000円
　　　　完成品単位原価：300円／個

第12章　管理会計

<＜学習のポイント＞>

**1．管理会計とは何か？**

　組織，とりわけ企業の内部的な管理に関わる会計情報を生み出し，利用する過程のことです。また，財務会計の対となる領域を指します。

**2．管理会計の目的は？**

　伝統的見解にもとづけば，管理会計は，企業の経営管理に役立つ会計情報の提供を目的としています。企業は利益獲得を目的に運営されていますので，管理会計情報も利益獲得に向けた管理に役立つことが求められます。

**3．管理会計情報の性質は？**

　伝統的に，管理会計情報には，財務会計とは異なる性質があるとされてきました。企業の管理を行う上で，財務的のみならず非財務的な性質を持つ情報を利用し，また，過去関連のもののみならず将来関連の情報を利用するという特徴があります。

**4．管理に関わる会計上の基礎概念は？**

　管理に関わる会計上の基礎的な概念は，コスト（原価・費用）に関する概念と利益に関する概念です。管理会計の原点は利益計画を立てることや原価管理を行うことにあり，現代においても，コストと利益は基本的かつ重要な概念です。

**5．どのようなコスト概念が管理に用いられるか？**

　管理会計上利用されるコスト概念として基本的なものは，直接費と間接費，変動費と固定費，管理可能費と管理不能費，差額原価と埋没原価および機会原価，資本コストです。それぞれ利用される場面は異なりますが，管理を行う上で，会計的に必要な情報をまとめる際に役立てられます。

**6．どのような利益概念が管理に用いられるか？**

　会計上，利益概念は極めて重要なものです。管理会計では，企業全体のみならず，範囲を限定してその利益の計算を行うことで，管理に役立つ情報を生み出します。その基本的なものとしては，限界利益と貢献利益が挙げられます。

# 1 管理会計とその目的

## (1) 管理会計とは：財務会計との区分

　1900年代初めから，学問的に，会計は大きく2つの領域に分けられています。すなわち，**管理会計**と**財務会計**です。伝統的な見解にもとづいた場合，ここで扱う管理会計とは，組織内部向けに，組織活動の計画および統制のような管理に関わる会計情報を生み出し，提供する過程を指します。財務会計は組織外部向けの会計情報の作成と伝達の過程ですので，会計情報の伝達先である利用者の位置づけが内部か外部かという違いにもとづいて，2つの領域が区分されているわけです。こうした区分は，想定される情報利用者の違いにより，必要とされる会計情報にも違いが生じるとの考えによってなされたものです。以下では，組織の中でもとりわけ企業に関し，その内部的な経営管理に関わる領域の会計情報について，見ることにしましょう。

## (2) 企業における管理会計の目的

　管理会計では，経営管理に関わる会計情報を扱いますので，当然，その経営管理に役立つ情報を提供することを目的としています。ここで，企業は営利社団法人ですから，究極的には，利益獲得のためにその組織の管理がなされます。したがって，企業における管理会計も，利益獲得に向けた管理に役立つ会計情報の提供が直接的な目的となります。

　なお，企業は利益の獲得によってこそ，その活動を安定的に継続することが可能になります。その結果，企業は，生活に必要な製品やサービスの提供，雇用の創出といった社会的な役割も果たせるようになります。こうした大きな視点から捉えれば，管理会計を一企業の利益獲得との関係のみならず，より広い社会的な関係の中に位置づけることもできます。

## 2 ｜ 管理会計情報の性質

### (1)　管理に会計情報が利用される場面

　企業の管理に役立つ会計情報の性質について考えるにあたり，まずは，そうした情報が利用される場面について確認しておきましょう。企業の事業活動のプロセスは，Plan-Do-Check-Action を繰り返すものと単純化できます。多くの場合，この Plan＝計画と Check＝評価に際して，会計情報が利用されます。計画に関しては，それが短期的（多くは 1 年以内）なものであれば予算が策定されますし，また，長期的なものであれば経営基本計画といわれる大規模なプロジェクトが取り扱われます。これらは利益の獲得を目的としていますので，会計がその基本的な情報源泉の 1 つとなります。また，評価に関しては目標と結果の比較が基本となりますが，その際，経営成績を端的に金額で表す会計情報は有用なものとなります。

　こうした計画段階や評価段階で利用するために，管理会計情報には財務会計情報に含まれない特有の性質があると，伝統的に考えられています。その点について，以下で見ることにします。ただし，現代の会計については，以下に示す説明がそのままでは当てはまらない場合があります。ですが，ここでは基本となる伝統的見解を押さえることを主眼としましょう。

### (2)　財務的情報と非財務的情報

　会計情報は，我々が日常的に話す言葉とは異なり，必ず数値＝金額が伴います。このことこそが，会計という言語に特有の重要な性質です。というのも，それによって初めて，社会的に利用される利益を計算することが可能になるからです。前述のように，企業は利益獲得を目的に活動し，またその目的に向けて管理が行われるわけですが，その鍵となる利益算定は会計を通じてのみ行われることなのです。この利益を算定して外部に公表することが財務会計の基本ですし，また，その公表利益の増大を目指した管理に有用な情報の提供が管理会計の目的です。したがって，管理会計情報も財務会計情報も，金額的な性質

を，すなわち**財務的**な性質を必ず持っているのです。

　その一方，**非財務的**な性質を帯びた情報，つまり，金額を伴わない情報を用いるのは，伝統的に，管理会計に特徴的なこととされてきました。というのも，企業の管理を行う場合には，財務的な情報のみでは不十分だからです。ここで，目標売上高を100万円，実際売上高を60万円としましょう。この数値を比較すれば，目標に40万円足りないという問題はすぐに明らかになります。しかし，数値を見ただけでは，いったい何が原因となって売上が目標に達しなかったのかは不明です。財務的情報は問題点を発見する上で非常に有効ですが，その原因までは直接的に明らかにしてくれません。企業の管理においてはこうした問題点に対処することが重要ですが，そのためには，問題の原因解明が必要です。先ほどの売上の例で言えば，どの製品の販売個数が目標を下回ったのかという情報がまず必要になりますし，その情報にもとづいて自社の他製品や他社製品と様々なデータを比較することで，その販売個数減少がたとえば広告宣伝不足によることなどが明らかになります。その結果，広告宣伝を増やすといった形で管理を行うことができるのです。

　このように，管理会計上では，利益獲得という企業の目的を達成するうえで，財務的情報にもとづいた目標設定と問題発見が可能となり，また，それに対処するための原因究明において，非財務的情報が必要となるのです。

### (3)　過去関連情報と将来関連情報

　会計情報は，その時制関連的な性質から，**過去関連情報と将来関連情報**に分けることができます。

　ここでいう過去関連情報は，すでに生じた事象に関する金額のことを指します。こうした情報は，管理会計においても財務会計においても用いられてきました。たとえば，建物の取得原価や借入金の額などが含まれます。これら過去関連情報には，基本的に，領収証などの証拠（＝証憑書類等）が存在しています。したがって，客観性が高く，また**検証可能性**の高い情報となります。こうした性質にもとづいて，財務会計上では**監査可能性**が確保されることになります。その結果，会計情報の**信頼性**が保証されることになるのです。そのため，企業外部の利用者に情報提供を行う財務会計においては，伝統的に，過去に関

連する情報のみが用いられてきました（ただし，現代会計ではそうとは限りません）。また，管理会計においても，過去関連情報が必要になります。たとえば，過去の実績は新たな目標設定の基礎となりますし，また，実績データにもとづいて問題点を明らかにできます。

その一方，将来関連情報は，伝統的には管理会計においてのみ用いられる情報であるとされてきました（現代では財務会計でも利用します）。企業の管理においては，計画を立てることが必要です。計画では今後の事業活動についての予定や目標を明確化することになりますので，必然的に将来のことが関わります。代表的な具体例としては，将来の現金の収支である**将来キャッシュ・フロー**の予測を用いることがあります。こうした情報は，当然に，利用時点において確実な証拠が存在しません。したがって，過去関連情報と異なり，客観性も検証可能性も低く，信頼性の確保が困難です。そのために，伝統的な財務会計ではこうした情報を用いることはなかったのです。しかし，管理会計上では，客観性が低くとも，**将来の計画や意思決定**のためには必要なのです。たとえば，将来の収益獲得見込みやリスクの大きさなどを判断して，どのような設備投資を行うのか，どのような製品を製造販売するのかなど，経営管理上の意思決定を行うことになるのです。

## 3 ┃ コスト概念の管理への利用

### (1) コストの管理の重要性

利益の計算は，会計上，活動の結果として獲得した成果額からそのために費やされた犠牲分の金額を控除することでなされます。したがって，利益を増大させるための方法の1つは，犠牲分を少なくすることです。この犠牲分のことを**コスト**と言います。コストは，言い換えれば，**費用**または**原価**のことです。企業が利益の増大を目指すためには，コスト，つまり会計上の計算によって明らかになる費用または原価の管理を行うことが重要な手段となるわけです。そこで，経営管理に役立つように，コスト概念を分類して情報を生み出します。以下，基本的かつ重要なコスト概念を，その利用の簡単な例を含めて見ること

110

にしましょう。

## (2)　直接費と間接費

　**直接費**と**間接費**は，すでに原価計算（第11章）で学んだように，費用が製品（サービス）とどのような関係にあるかをもとに分類されたものです。

　こうした区分をすることは，元来，主な管理対象であった直接費を明確化する上で役立つものでした。工場が大規模化して機械化や自動化が進むまでは，製造にかかる費用の大部分は直接費でした。特に，直接材料費と直接労務費は製品原価のほとんどを占めていました。そのため，こうした直接費を把握して，削減することが利益向上につながったのです。その際には，材料の消費量や賃金制の直接工の動作や時間に標準値を設定し，その達成を促すという方法が考えられます。こうした考え方は，**標準原価計算**にも活かされています。目標値である標準原価と実績値である実際原価を比較することで，たとえば直接材料費の消費量が目標よりも多いといった問題点を発見し，その改善方法を考えることにつながるのです。

　なお，現代では，工場における機械のメンテナンス等のように，間接的な作業が増え，製造間接費が増大しています。そのため，直接費の管理に加えて，間接費を管理する重要性が増しました。その管理の方法として，**活動基準管理**と呼ばれる新たな管理会計手法が，1980年代に生み出されました。

## (3)　変動費と固定費

　**変動費**と**固定費**についても，原価計算（第11章）で見たように，**操業度**（そうぎょうど）との関係から分類される概念です。操業度とは，設備・能力の利用度のことです。その操業度との比例関係にもとづき，コストの分類がなされるのです。

　変動費は，操業度の増減に比例して変化する費用です。製品を製造すればするほど，つまり操業度が増すほどに材料の消費は増しますので，直接材料費は変動費の典型例です。一方，固定費は，操業度の増減に関わりなく常に一定の費用です。たとえば，工場の土地を借りている場合には通常ひと月ごとに地代を支払いますが，このとき，工場の操業を毎日しても土日を休みにしても，ひと月に払う地代は同じです。こうした費用が固定費です。

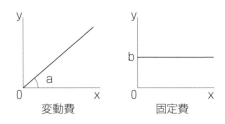

変動費　　　　　　　　　　固定費

　費用と操業度との関係は，図表12-1のように一次関数で表すことができます。横軸 x を操業度，縦軸 y を金額とすると，変動費については傾きを a とすれば $y=ax$ という式で，固定費については金額の大きさを b とすれば $y=b$ という式で表すことができます。さらに，費用が変動費と固定費のみから成り立つという仮定を置けば，総費用は変動費と固定費の和となりますので，$y=ax+b$ と表せます。このように費用の動き方を単純化することで，操業度 x に応じた発生費用の金額を容易に予想できます。

　このような単純化によって，企業管理上，利益計画の立案を概略的なものではあっても容易に行うことが可能となります。具体的には，CVP（Cost-Volume-Profit）分析と呼ばれる，コストと操業度と利益の関係を分析する手法を用いることになります。ここでは最も基本となる**損益分岐点**の分析を取り上げましょう。

　損益分岐点は，損失と利益の分かれ目となる点，言い換えれば，損失も利益も出ない点です。企業にとっては，最低限達成しなければならない点ということです。そのような点においては，売上高と総費用は同額となります。

　ここで，売上高を y，販売数量を x，売価 p とすれば，$y=px$ となります。先ほどの総費用は $y=ax+b$ で表されましたが，操業度 x は製品製造量に比例すると考えられますので，ここではこの x を製造数量と読み替えます。さらに，製造したものがすべて売れると考えます。すると，横軸を x（製造数量＝販売数量），縦軸を y（金額）とした同じ座標軸を持つグラフに，売上高と総費用を表す直線を描くことができます。それを示せば，以下のとおりです。

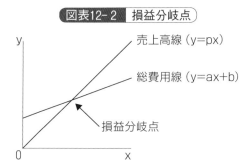

図表12-2 損益分岐点

グラフの二直線の交点が損益分岐点です。簡単な具体例で、計算してみましょう。製品売価を1個当たり1,000円、製品1個当たりの変動費を800円、固定費を280,000円としましょう。二直線の交点の座標は、各直線を表す式の連立方程式を解けば求められます。ここでは、以下の連立方程式を解くことになります。

$$\begin{cases} y=1,000x \\ y=800x+280,000 \end{cases}$$

これを解けば、x＝1,400、y＝1,400,000となります。つまり、製品を1,400個製造販売し、売上高が1,400,000円となる点において、この製品については損失も利益も出ないことがわかります。もちろん、企業は利益の獲得を目的としていますので、1,400個超の製品を製造販売しなければならないということが明らかになります。この情報が基礎となり、目標の利益額や販売数量、それに必要な操業度などを計画することが可能となるのです。

(4) 管理可能費と管理不能費

管理可能費と管理不能費は、ある地位にいる経営管理者にとって管理ができる費用か否か、ということにもとづいた分類です。そのため、経営管理者が置かれている地位によって、その範囲は異なります。この範囲は、言い換えれば、責任の範囲です。したがって、管理可能費と管理不能費を分類することは、ある経営管理者にとって、費用に関する責任の範囲を明確化することなのです。

　こうした責任範囲の明確化は，企業の管理において基本的かつ重要な事柄です。というのも，ある同一範囲の費用について複数の経営管理者が責任を負う場合，言い換えれば，複数人がある費用の発生に影響を及ぼすことができる場合，異なる指示が出されて混乱を招くことになりかねないからです。したがって，管理可能な範囲を明確化することが必要なのです。

　たとえば，工場の組立部門の管理者は，その部門の範囲に含まれる，材料費の発生について影響を与えることができます。つまり，材料の効率的な利用については，組立部門の管理者が監視して指示することができるのです。そのことは同時に，効率の悪化で材料費が高くなりすぎた場合には，その責任を負うことを意味します。その一方，組立部門の管理者は，組立部門とは別の，塗装部門で発生する塗料などの費用について影響を与えることはできません。前述のとおり，経営管理上の混乱を招くからです。

## ⑸　差額原価・埋没原価・機会原価

　何らかの**意思決定**を行い，それに従って実施した場合には，その実施前と実施後では状況が異なります。ある状況から別の状況へと変更・変化すると考えた場合に，それにともなって変動することになる原価のことを**差額原価**と呼びます。これに対して，そのような状況の変化によっても変動しない原価を**埋没原価**と呼びます。変動がないため，意思決定の際には，状況に関する変化を比較するためのデータからは外されることになります。つまり，意思決定においては表面に出てきませんので，埋没原価といわれるのです。

　これらの**概念**は主に意思決定の際に用いられるものですが，同時に収益や利益についても考えることが一般的です。というのも，企業は利益を獲得することを目的に，意思決定を行うからです。ここで，状況の変化にともなって変動することになる収益と利益のことを，それぞれ**差額収益**，**差額利益**と呼びます。

　管理会計ではこうした概念を利用し，事業上の意思決定に際して計算上のシミュレーションを行うことがあります。その場合，差額原価と差額収益を比較して，差額利益がでるようであれば，その意思決定に従った変更は有利なものと認識されます。もちろん，その計算結果のみを用いて経営管理者の意思決定が行われるわけではありませんが，意思決定のために有用な情報の提供はなさ

れることになります。

　では，これらの概念について，極めて簡単な例を見ておきましょう。現在，K社では製品Aを製造していますが，その売れ行きが落ちているとします。そこで，製品Aを改良して，製品Bまたは製品Cを製造したいと考えています。このとき，製品BもCも，製品Aをこれまでと同様に製造した後，それに追加的な加工を施すことで完成するとしましょう。ここで，製品A1個当たりの製造原価は900円，売価は1,300円とします（1個当たりの利益は400円です）。製品BとCは製品Aを製造後にそれを再度加工するため，製品Aの製造原価900円は状況変化によっても変わりませんので埋没原価となります。

　埋没原価が明らかになれば，意思決定上で考えるべきは，追加加工にかかるコストと，新たな製品が従来よりもいくら高く売れるのか，ということです。ここで，製品B1個当たりの追加加工費は600円で売価は2,100円，製品C1個当たりの追加加工費は800円で売価は2,200円としましょう。それぞれの追加加工費は，差額原価となります。また，差額収益は製品Bと製品Cそれぞれの売価から製品Aの売価を減じれば算出されます。それをまとめると，下記の表のとおりになります。

| 追加加工後の製品 | 製品B | 製品C |
|---|---|---|
| 差額収益 | 800円 | 900円 |
| 差額原価 | 600円 | 800円 |
| 差額利益 | 200円 | 100円 |

　このように情報をまとめれば，製品Bまたは製品Cのどちらに追加加工しても，製品Aを製造販売している現状よりも，製品1個当たりの利益が増すということが明らかになります。

　では，さらに，製品Bと製品Cのどちらに追加加工したほうが有利になるかを考えましょう。この例は極めて簡単なものですので，上記の計算結果を見れば製品Bを製造販売したほうが有利になることは明白です。ですが，代替案がより多くある場合には，情報量が増します。そこで，意思決定のための情報を適切に整理するために，**機会原価（機会費用）**という概念を用いることがあり

ます。

　機会原価とは，意思決定に際して様々な代替案の中からその1つを選択しなければならない場合，他の代替案が選ばれなかったことによって失われる利益の最大値のことをいいます。言い換えれば，あきらめた代替案を選んだとしたならば得られたであろう最大の利益のことです。この機会原価を選択した案の利益と比較して，意思決定が合理的であるかを判断する材料とするわけです。

　先ほどの例で言えば，製品1個当たりの利益は，製品Aが400円，製品Bが600円，製品Cが500円です。ここで製品Bを選択すれば，機会原価は選択されていないもののうち最大の利益である製品Cの500円です。比較のために計算をすれば，選択した製品Bの利益から機会原価を減ずることになりますので，600−500＝100（円）となり，選択した案のほうが利益が大きいことを確認できます。この例はあまりに簡単なものですので，機会原価を用いるまでもありませんが，代替案がより多数に及ぶときには，こうした考え方を用いると，情報の整理を進めることができるのです。

　意思決定に際しては，これらの概念を用いて会計的に情報をまとめ，管理に役立てることができるのです。

## (6) 資本コスト

　**資本コスト**は，資金調達のためにかかる財務的なコストのことです。会計的には，株主に対して支払う配当金と，債権者に対して支払う利息のことを指します。管理会計上，この資本コストの元本に対する割合である**資本コスト率**を利用することがあります。

　企業全体の資本コスト率を求める場合，株主資本コストと負債に対する資本コストとの加重平均によって導出します。それを**加重平均資本コスト（率）**と呼びます。ここで，加重平均資本コスト（率）を$k$，株主資本（＝自己資本）を$E$，株主資本コスト率を$k_E$，負債（＝他人資本）を$B$，負債の資本コスト率（＝利率）を$k_B$とすれば，以下の式によって，加重平均資本コスト率を表すことができます。

$$k = (k_E E + k_B B)/(E + B)$$

この加重平均資本コスト（率）は，企業の管理をする上で意識しなければならない，元手に対する**最低限獲得すべき利益**の割合です。なぜなら，配当金と利息が支払えないようでは，資金調達に支障をきたして，継続的な企業の運営ができなくなるからです。管理会計上では，こうした資本コスト率を，将来のキャッシュ・フロー（現金の出入り）と結び付けて用います。とりわけ，キャッシュ・フローを**割り引く**という計算を行う上で，欠かすことができないものです。この資本コスト率を用いた割引計算によって，主に設備投資に関する戦略的な意思決定のための情報を生み出すことができます。ここで，割引計算の基本的な考え方を簡単に確認しておきましょう。この計算の根本には，**貨幣の時間的価値**という思考があります。貨幣は時間によって価値が変化するということです。現時点の100円と1年後の100円は同じ価値ではないのです。

例えば，ある銀行に年利1％で預金できるとします。現時点で100円をもらい，これをすぐに預金すると，1年後の預金額は100円×1.01＝101円となります。ということは，1年後に100円もらうよりも，現時点でもらったほうが得です。つまり，現時点の100円のほうが価値は高いわけです。このように，貨幣は時間によって価値が変化します。ここで，設備投資のように長期的に多様な時点でキャッシュ・フローが発生する案件について，いくつかの投資案を比較しようとする場合，各投資案を一定時点の価値に計算し直さなければ，どの案がよいか比較できません。そこで，一般的にはキャッシュ・フローを現在の価値に直します。先ほどの預金の例を用いれば，1年後の101円の現時点での価値は，101円÷1.01＝100円となるわけです。この計算を割引計算といい，現代会計にとって（財務会計も含めて）極めて重要なものです。この基本的な考え方はしっかり理解しておきましょう。

## 4 ┃ 利益概念の管理への利用

### (1)　会計上の利益概念と管理

会計上の利益概念は，それを計算構造から見た場合には差額の概念です。この差額の計算には，会計期間の期首純財産在高と期末純財産在高の差額として

計算する方法，または，費用と収益の差額として計算する方法があります。

　純財産在高の差額が利益（損失）であるという見方では，スタート時点とゴール時点で企業内部に存在している純財産を比較します。こうした考え方ではプロセスではなく結果が重視されているわけです。

　一方，費用と収益の差額を利益とする見方は，一定期間における金額の動きの観点から利益を捉えたものです。すなわち，一定期間の企業活動プロセスにおいて，その活動を行ううえでの犠牲分である費用と，その活動の成果分である収益の差額として，利益（損失）を捉えます。利益獲得（損失発生）のプロセスに重点がおかれているわけです。

　さて，企業の管理上，これらの計算のうちで重視されてきたのが，費用と収益の差額として利益（損失）を捉える見方です。というのも，管理を行う場合には，プロセスに働きかけることが必要だからです。どのようなプロセスで利益（損失）が生じたのかがわかれば，その結果につながる原因を究明できる可能性が高まります。そうした原因を捉えることができれば，良い点を伸ばし，悪い点を改善するための措置をとることができるのです。

　したがって，伝統的に，管理会計においては利益（損失）を費用と収益の差額として捉えてきました。そして，企業管理に役立つよう，企業全体のみならず計算範囲を限定して，その概念を利用してきたのです。以下では，管理会計上で用いられる特殊な利益概念を簡潔に見ていきましょう。

## (2)　限界利益

　**限界利益**は，売上高から変動費を差し引いた金額のことを意味します。式にすれば，**限界利益＝売上高－変動費**となり，この計算式自体が限界利益概念の定義となります。

　限界利益は，操業度に関わりなく発生する**固定費**を計算に入れないことによって，操業度に比例して発生する売上高（製造分はすべて販売したと仮定）と，同じく操業度に比例して発生する変動費の差額という範囲に限定して計算が行われます。そのため，操業度の変動に応じて，利益がどれだけ変動するかを計算する上で役立つことになります。ちなみに，「限界」という名称は，操業度を限界1単位増やしたときにどれだけ利益が変化するかということであり，

数学上の限界概念に由来するものです。

　この概念の具体的な利用の場面の１つは，コスト概念のところでも例を示したCVP分析です。この分析はグラフを用いて考えることもできますが，公式を利用することもあります。損益分岐点について，同じ例を用いて見ておきましょう。売上高線と総費用線の式は，以下のとおりでした。

$$\begin{cases} y=1,000x \text{（売上高線）} \\ y=800x+280,000 \text{（総費用線）} \end{cases}$$

　製造数量＝販売数量であるxについて，これを解けば以下のとおりです。

$$1,000x=800x+280,000$$
$$(1,000-800)x=280,000$$
$$x=1,400$$

　さてここで，展開した２行目の式に注目してください。この（1,000－800）は，製品１単位について，売上高から変動費を減じたものです。つまり，製品１単位当たりの限界利益である200円を示しています。したがって，損益分岐点は，固定費を製品１単位当たりの限界利益で除したものとして計算されているわけです。これを公式化すれば，以下のとおりです。

損益分岐点販売（製造）数量＝固定費÷製品単位当たり限界利益

　このようにして，限界利益を用いて損益分岐点の公式を作ることができます。

　また，限界利益を売上高で除したものを**限界利益率**と呼びます。それを利用すれば，損益分岐点売上高は，以下の公式で示されます。

損益分岐点売上高＝固定費÷限界利益率

　先ほどの例で計算すれば，限界利益率は，200円÷1,000円＝0.2となります。

これで固定費を除すれば，280,000円÷0.2＝1,400,000円の損益分岐点売上高が計算できます。

このように，限界利益概念を用いることで，管理に役立つ情報を生み出すことができるのです。

### (3) 貢献利益

**貢献利益**は，その名称が表すように，一定の事柄に貢献したものと定義づけられた利益のことです。この利益は，貢献度合いを測定する範囲によって異なりますので，定義それ自体を式で表すことはできません。ですが，よく用いられる貢献利益としては，固定費の回収にどれだけ貢献したか，また，会社全体の費用（本社費など）の回収にどれだけ貢献したかを表すものがあります。

ここでは，全社的な費用の回収に対する貢献の例について，簡単に見ることにしましょう。そこでまずは，企業内に2つの**事業部（A，B）**が存在していると想定しましょう。また，本社は管理機能のみをもっており，製品の製造販売は行っていないものとします。したがって，本社には売上がありませんが，本社費と呼ばれる管理のための費用は発生していると考えます。そのような前提のもと，計算例を示せば以下の表（単位：円）のとおりになります。

この例の場合，本社費の回収に関して，事業部Aと事業部Bのそれぞれが250,000円と270,000円の貢献をしており，その結果，営業利益も獲得できたことになります。こうした事業部ごとに範囲を限定した利益計算により，どの事業部が会社全体にとって貢献度が大きなものかが明らかになります。この例では，事業部Bのほうが金額的に高い貢献をしていることになります。そのよう

|  | 本　社 | 事業部A | 事業部B |
|---|---|---|---|
| 売上高 | — | 600,000 | 750,000 |
| 売上原価等 | — | 350,000 | 480,000 |
| 貢献利益 | 520,000 | 250,000 | 270,000 |
| 本社費 | 390,000 | | |
| 営業利益 | 130,000 | | |

な情報は，たとえば，次年度の予算配分について決定するための資料，あるいは，事業部の再編などを決定するための資料になり，管理に役立てることができるのです。

# 5 ｜ 現代における管理会計

　これまでに見てきた管理会計の内容は，伝統的で最も基本的な部分に関するものです。現代における管理会計は，ここで取り上げた概念等の基盤の上に，さらなる展開を見せています。

　とりわけ1980年代以降，アメリカを中心に，それまでの管理会計の論理では不十分であるとの認識が広がり，新たな手法が考え出されました。そのような手法でも，ここで見たような伝統的な概念はもちろんベースとなりますが，扱う範囲の枠が広げられます。たとえば，伝統的には製造業を主としていたものがサービス業などにも広がりますし，また，管理対象が物理的作業のみならず知的業務へも及ぶようになりました。こうした展開は，管理会計の内側のみで生じたものではありません。財務会計や会計監査，税務会計のような会計領域はもちろんのこと，より広い社会的な関係性の中で生起したものです。ですから，管理会計についてより深く学ぶ場合には，社会的諸関係において管理会計が果たす役割に注意を払うことが必要となります。

第13章　監　　査

<学習のポイント>

1．公認会計士による監査は誰のために行われるか？
　　会社法にもとづく監査は主として株主および債権者のため，金融商品取引法にもとづく監査は一般投資家のために行われています。

2．監査意見にはどのような種類のものがあるか？
　　年度監査における監査意見には，無限定適正意見，限定付適正意見，不適正意見および意見不表明の４つがあります。

3．公認会計士監査の特徴は何か？
　　近年では，限られた監査資源をリスクの高い領域に配分することによって監査の有効性と効率性の両立を図るリスク・アプローチの考え方がとられています。

4．監査手続にはどのような種類のものがあるか？
　　監査手続には，リスク評価手続とリスク対応手続の２つがあります。

5．監査の品質はどのようなしくみで維持されるか？
　　監査事務所が監査業務の品質を一定レベル以上に保つ取組みを適切に行っているかどうかを日本公認会計士協会がレビューし，このレビューを金融庁の公認会計士・監査審査会がモニタリングしています。

6．監査の国際化はなぜ必要か？
　　財務諸表の国際的な比較可能性を確保するためには，会計処理の方法のみならず，監査の考え方や手法も世界レベルで合わせることによって財務諸表の信頼性の程度も統一していくことが必要です。

# 1 ｜ 財務諸表の公開（ディスクロージャー）と監査

　会社を取り巻く利害関係者は，財務諸表を１つの判断材料として各種の意思

決定を行いますが，この財務諸表に誤謬（誤り）や不正があると，利害関係者
は正しい意思決定を行うことができません。ここでは，財務諸表の信頼性を高
めるための手段である監査について，その仕組みや考え方を学習していきます。

　財務諸表は主として会社外部の利害関係者に対して公開されます。この公開
の仕方を法的に規制している法律が会社法と金融商品取引法です。

## (1)　会社法にもとづく計算書類の公開と監査

　会社法はその名が示すとおり，わが国におけるすべての会社を規制する法律
です。わが国の会社の種類には，合名会社，合資会社，合同会社および株式会
社の４つがありますが，その規模の大きさや利害関係者の数の多さなどから，
株式会社に対する規制が最も厳格なものとなっています。

　また，会社が作成する決算書に対して監査が行われているのも株式会社のみ
です。その理由は，株式会社では会社の経営活動のために会社に出資をする者
と，出資された資金を使って会社の経営活動を行う者が同一でないこと，すな
わち所有と経営の分離が前提となっているためです。出資をする者が株主，経
営活動を行う者が取締役などの経営者です。

　会社法にもとづく会計の大きな役割は，株主が出資した資金を使って経営活
動を行った経営者が，その経営活動の結果を出資者たる株主に対して報告する
ことにあります。これを受託責任の解明といいます。ここにおいては，計算書
類を作成する会社内部の者と，その計算書類を見て経営活動の結果を評価する
株主とが別の者であるため，もしも計算書類に誤謬や不正があると，株主はこ
れにもとづいて行う意思決定を誤ってしまうことになります。

　そこで，株主に代わり，会社内部で取締役の行為を監視する役割を担う者と
して監査役が置かれます。株式会社の形態によっては監査役ではなく，監査委
員会（指名委員会等設置会社の場合）または監査等委員会（監査等委員会設置
会社の場合）が置かれますが，本章では監査役設置会社を前提として解説しま
す。取締役の行為は，会計を含む経営業務全般に及ぶものであることから，監
査役が行う監査にも業務監査と会計監査の２種類があります。さらに，株式会
社のうち，一定の規模以上の会社については，監査役による監査とは別に，会
計監査人による会計監査も受けなければならないことになっています。ここに

いう会計監査人とは，公認会計士または監査法人を指しています。監査法人とは，監査業務を組織的に行うことを目的として，5人以上の公認会計士により共同して設立された公認会計士法にもとづく特別な法人をいいます。

　このように，会社法の規制のもとでは，監査役と会計監査人によって監査が行われていますが，どのような株式会社に対してこれらの監査が強制されるかは，その株式会社の種類によって異なります。会社法では，株式会社を非公開・非大会社，非公開・大会社，公開・非大会社，公開・大会社の4つに区分しています。公開会社とは，発行する全部または一部の株式について譲渡制限を設けていない会社をいいます。また，大会社とは，資本金5億円以上または負債総額200億円以上の会社のことです。4つに区分される株式会社のうち，非公開・非大会社以外の株式会社においては監査役を必ず置かなければならず，また，大会社の場合には公開，非公開にかかわらず，会計監査人による監査を必ず受けなければなりません。

　会社法の規定によって監査を受けた計算書類は，たとえば取締役会を設置している大会社の場合には，次に示す方法によって利害関係者に公開されます。
①定時株主総会の招集通知に，計算書類および事業報告（監査報告を含む）を添付する。なお，計算書類や事業報告（監査報告を含む）などの株主総会資料は，書面による交付のほか，自社のホームページ等のウェブサイトに掲載し，株主に対し当該ウェブサイトのアドレス等を書面で通知する方法によって提供することもできる。
②計算書類および事業報告ならびにこれらの附属明細書（監査報告を含む）を，定時株主総会の2週間前から会社の本店に5年間，支店に3年間備え置き，株主および債権者が閲覧できるようにする。
③官報または時事に関する事項を掲載する日刊新聞紙に，貸借対照表および損益計算書またはその要旨を掲載して公告する。なお，この方法にかえて，定時株主総会の終結の日後5年間，自社のホームページ等のウェブサイトでこれらを公開する方法も選択できる。

　このように，会社法にもとづいて作成・監査された計算書類は，主に3つの方法によって利害関係者に開示されることになりますが，中でも現在の株主に

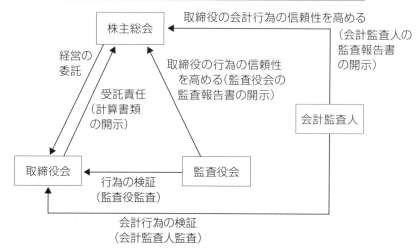

図表13-1 会社法監査のしくみ（公開・大会社の場合）

対する開示にもっとも重点が置かれているところに会社法の特徴があります。

## (2) 金融商品取引法にもとづく財務諸表の公開と監査

　金融商品取引法は，証券取引所を中心とする証券市場を通じて資金調達を行う株式会社や金融商品取引業を行う者を主に規制する法律です。証券取引所によって，株式などの有価証券の売買取引が承認されることを**上場**といいます。したがって，金融商品取引法による会計・監査の規制は，主として上場会社に対するものです。上場会社とは，その会社が発行した有価証券が証券取引所で売買されている会社であり，上場会社になるためには，証券取引所が定めた上場審査基準を満たす必要があります。

　上場会社は，投資の対象として，国内外の多くの投資家が関心を持っている会社です。投資家は，会社が公表する情報をもとに様々な分析を行い，その会社に投資をするかどうかを決定します。この決定のことを**投資意思決定**といいますが，これにはたとえば，その会社が発行する株式や社債を新たに購入する，継続して持ち続ける，売却するといった決定があります。この投資意思決定に用いられる情報の中心的なものが，会社が作成・公開する財務諸表です。金融商品取引法の大きな目的の1つは，会社の状況を開示する仕組みを整備するこ

とによって，投資家を保護することにあります。ここにいう**投資家保護**は，投資家にとって必要な情報を適時に提供することにより達成されるものと考えられています。

　ここにおいても，開示される財務諸表に誤謬や不正があると，投資家は正しい意思決定ができず，場合によっては多額の損失を抱え込むことにもなってしまいます。不正確な情報により投資家が損失を被るような状況では証券市場が健全に機能しているとはいえず，資金の流れが滞って経済全体の発展が阻害されることになりかねません。こうしたことから，金融商品取引法では，同法にもとづいて作成される財務諸表が，投資意思決定にとって有用なものであるかについての専門家による判定すなわち監査を求めています。

　これを具体的に説明すれば，金融商品取引法は，有価証券の発行市場と流通市場の2つの市場における規制を設けることによって，その目的の達成を図っています。発行市場における規制とは，会社が新たに有価証券を発行するときの規制であり，流通市場における規制とは，会社が発行した有価証券が，証券市場における売買を通じて市場に流通しているときの規制です。発行市場における規制には，**有価証券届出書**の内閣総理大臣への提出と目論見書の作成があり，流通市場における規制には，**有価証券報告書**などの内閣総理大臣への提出があります。有価証券届出書および有価証券報告書には財務諸表（連結財務諸

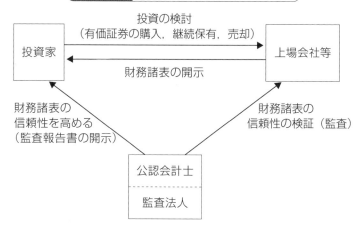

図表13-2 金融商品取引法監査のしくみ

表を含む）などを掲載しなければならず，さらに，これらの財務諸表には，**公認会計士**または**監査法人**による監査証明を受けなければならないものとされています。なお，目論見書とは，有価証券を発行する会社の事業その他の事項に関する説明を記載した文書で，投資家に対して直接交付される開示書類のことです。

　監査済みの財務諸表等が掲載された有価証券届出書，有価証券報告書などは，財務局，会社の本店および主要な支店，証券取引所などで広く一般に公開されます。これは，金融商品取引法がその保護の対象とする投資家には現在の株主・債権者のみならず，将来において，上場会社などの有価証券を購入しようと考えている潜在投資家も含まれているためです。なお，これらの開示書類は，インターネットによっても有価証券報告書等の電子開示システムであるEDINETを通じて誰でも閲覧することが可能となっています。

## 2 ｜ 監査意見と監査報告書

### ⑴　監査意見の形成と除外事項

　1「財務諸表の公開（ディスクロージャー）と監査」で述べたように，会社法にもとづく計算書類や金融商品取引法にもとづく財務諸表が公開される場合には，監査人による監査意見などが記載された監査報告書が合わせて開示されます。ここにいう監査人とは，会社の外部からその会社の財務諸表の監査を行う者のことで，具体的には公認会計士または監査法人を指します。監査人は多くの時間を監査手続の実施などの監査業務に費やしていますが，財務諸表の利用者は監査人が行っている監査業務を直接目にすることはできず，一連の監査業務の結果を，最終的に作成される監査報告書のみによって知ることになります。監査報告書は監査業務の結果を財務諸表の利用者に伝達する唯一の手段ですから，監査報告書にどのようなことが書かれているかを理解しておくことはとても重要です。

　監査人が監査報告書において表明する監査意見は，多くの場合，財務諸表がすべての重要な点において適正に表示されているかどうかについて，監査人が

自ら入手した監査証拠にもとづいて判断した結果を表明したものです。つまり，監査人は，監査意見の形成にあたり，財務諸表には全体として重要な虚偽表示がないということについての合理的な保証を得たかどうかを，入手した証拠にもとづき判断する必要があります。

　ここで，監査人が，十分かつ適切な監査証拠を入手した結果，財務諸表はすべての重要な点において適正に表示されていると認めた場合には**無限定適正意見**が表明されます。しかし，全体としての財務諸表に重要な虚偽表示があると認めた場合，または，全体としての財務諸表に重要な虚偽表示がないと認めるための十分かつ適切な監査証拠を入手できなかった場合（たとえば，会社の会計記録が滅失している場合や経営者が特定の監査手続の実施を拒んだ場合など）には，監査報告書において除外事項付意見を表明しなければなりません。

　**除外事項**とは，監査を実施した結果または監査を実施した過程における問題点のことであり，財務諸表の適正性から除外せざるをえない事項のことです。具体的には，経営者が採用した会計方針の選択およびその適用方法ならびに財務諸表の表示方法に関する不適切な事項（意見に関する除外事項）と，重要な監査手続を実施できなかったことによる監査範囲の制約に関する事項（監査範囲の制約に係る除外事項）をいいます。監査意見を表明するにあたっては，これらの影響をその重要性と広範性の2つの点から検討します。

　除外事項付意見には，**限定付適正意見**，**不適正意見**，**意見不表明**の3つがありますが，限定付適正意見は，付された除外事項の性格により，さらに，意見に関する除外事項が付された限定付適正意見と，監査範囲の制約に係る除外事項が付された限定付適正意見の2つに分けられます。

　除外事項と表明される監査意見は，次のように結びつけられます。まず，除外事項が意見に関するものである場合，それが重要ではあるが，財務諸表に及ぼす影響の範囲は広くないと判断される場合には限定付適正意見とされ，その影響の範囲が財務諸表の広範にわたると判断される場合には不適正意見が表明されます。また，除外事項が監査範囲の制約に係るものである場合には，それが重要ではあるが，財務諸表に及ぼす可能性のある影響の範囲は広くないと判断される場合には限定付適正意見が表明され，その影響の範囲が財務諸表の広範にわたると判断される場合には意見不表明とされます。

128

## (2) 監査報告書の内容

　監査人が形成した監査意見を表明する手段が**監査報告書**です。監査報告書は，職業的専門家である監査人が行った監査業務の内容や結果が集約されたものであり，財務諸表の利用者である投資家や利害関係者は，財務諸表とともに会社が公表する監査報告書を通じて，それらを知ることになります。

　会社法や金融商品取引法など，法律にもとづいて実施される監査において作成される監査報告書は，当該監査に固有の事項を記載する部分を除き，その様式や記載内容が基本的に統一されています。その理由は，公開を前提とした監査報告書には明瞭性が求められることにあります。つまり，実施した監査の性質や結果を，同じ表現を用いて端的に示すことで，監査報告書の読者は，実施された監査の内容などを容易に理解することが可能となり，さらには，監査報告書に通例ではない記載事項があるときには，その存在をすぐに識別することができます。もしも，監査報告書の様式や記載内容についてまったく統一が図られていないとすれば，実施した監査の性質や結果は同じであっても，監査人によって監査報告書の書き方が様々で，読者はそれぞれの監査報告書をどのように理解すればよいか，とまどうことになりかねません。

　金融商品取引法監査において，無限定適正意見が表明された場合の監査報告書の例は，次のとおりです。

**無限定適正意見の例**

<u>独 立 監 査 人 の 監 査 報 告 書</u>

20X2年 6 月23日

○　○　○　株式会社
　　取 締 役 会 御 中

　　　　　　　　　○　○　○　監査法人
　　　　　　　　　○○事務所
　　　　　　　　　指 定 社 員
　　　　　　　　　業務執行社員　公認会計士　○　○　○　○

指　定　社　員　　　　公認会計士　　　〇　　〇　　〇　　〇
業務執行社員

監査意見

　当監査法人は，金融商品取引法第193条の2第1項の規定に基づく監査証明を行うため，「経理の状況」に掲げられている〇〇〇株式会社の20X1年4月1日から20X2年3月31日までの第〇期事業年度の財務諸表，すなわち，貸借対照表，損益計算書，株主資本等変動計算書，キャッシュ・フロー計算書，重要な会計方針，その他の注記及び附属明細表について監査を行った。

　当監査法人は，上記の財務諸表が，我が国において一般に公正妥当と認められる企業会計の基準に準拠して，〇〇〇株式会社の20X2年3月31日現在の財政状態並びに同日をもって終了する事業年度の経営成績及びキャッシュ・フローの状況を，全ての重要な点において適正に表示しているものと認める。

監査意見の根拠

　当監査法人は，我が国において一般に公正妥当と認められる監査の基準に準拠して監査を行った。監査の基準における当監査法人の責任は，「財務諸表監査における監査人の責任」に記載されている。当監査法人は，我が国における職業倫理に関する規定に従って，会社から独立しており，また，監査人としてのその他の倫理上の責任を果たしている。当監査法人は，意見表明の基礎となる十分かつ適切な監査証拠を入手したと判断している。

監査上の主要な検討事項

　監査上の主要な検討事項とは，当事業年度の財務諸表の監査において，監査人が職業的専門家として特に重要であると判断した事項である。監査上の主要な検討事項は，財務諸表全体に対する監査の実施過程及び監査意見の形成において対応した事項であり，当監査法人は，当該事項に対して個別に意見を表明するものではない。

　（監査上の主要な検討事項の内容を示す小見出し，監査上の主要な検討事項の内容，監査上の主要な検討事項と決定した理由，監査上の対応を記載する。）

その他の記載内容

　その他の記載内容は，有価証券報告書に含まれる情報のうち，財務諸表及びその監査報告書以外の情報である。経営者の責任は，その他の記載内容を作成し開示することにある。また，監査役及び監査役会の責任は，その他の記載内容の報告プロセスの整備及び運用における取締役の職務の執行を監視することにある。

　当監査法人の財務諸表に対する監査意見の対象にはその他の記載内容は含まれておらず，当監査法人はその他の記載内容に対して意見を表明するものではない。

　財務諸表監査における当監査法人の責任は，その他の記載内容を通読し，通読の過程において，その他の記載内容と財務諸表又は当監査法人が監査の過程で得た知識との間に重要な相違があるかどうか検討すること，また，そのような重要な相違以外にその他の記載内容に重要な誤りの兆候があるかどうか注意を払うことにある。

　当監査法人は，実施した作業に基づき，その他の記載内容に重要な誤りがあると判断した場合には，その事実を報告することが求められている。

その他の記載内容に関して，当監査法人が報告すべき事項はない。

## 財務諸表に対する経営者並びに監査役及び監査役会の責任

　経営者の責任は，我が国において一般に公正妥当と認められる企業会計の基準に準拠して財務諸表を作成し適正に表示することにある。これには，不正又は誤謬による重要な虚偽表示のない財務諸表を作成し適正に表示するために経営者が必要と判断した内部統制を整備及び運用することが含まれる。

　財務諸表を作成するに当たり，経営者は，継続企業の前提に基づき財務諸表を作成することが適切であるかどうかを評価し，我が国において一般に公正妥当と認められる企業会計の基準に基づいて継続企業に関する事項を開示する必要がある場合には当該事項を開示する責任がある。

　監査役及び監査役会の責任は，財務報告プロセスの整備及び運用における取締役の職務の執行を監視することにある。

## 財務諸表監査における監査人の責任

　監査人の責任は，監査人が実施した監査に基づいて，全体としての財務諸表に不正又は誤謬による重要な虚偽表示がないかどうかについて合理的な保証を得て，監査報告書において独立の立場から財務諸表に対する意見を表明することにある。虚偽表示は，不正又は誤謬により発生する可能性があり，個別に又は集計すると，財務諸表の利用者の意思決定に影響を与えると合理的に見込まれる場合に，重要性があると判断される。

　監査人は，我が国において一般に公正妥当と認められる監査の基準に従って，監査の過程を通じて，職業的専門家としての判断を行い，職業的懐疑心を保持して以下を実施する。

- 　不正又は誤謬による重要な虚偽表示リスクを識別し，評価する。また，重要な虚偽表示リスクに対応した監査手続を立案し，実施する。監査手続の選択及び適用は監査人の判断による。さらに，意見表明の基礎となる十分かつ適切な監査証拠を入手する。

- 　財務諸表監査の目的は，内部統制の有効性について意見表明するためのものではないが，監査人は，リスク評価の実施に際して，状況に応じた適切な監査手続を立案するために，監査に関連する内部統制を検討する。

- 　経営者が採用した会計方針及びその適用方法の適切性，並びに経営者によって行われた会計上の見積りの合理性及び関連する注記事項の妥当性を評価する。

- 　経営者が継続企業を前提として財務諸表を作成することが適切であるかどうか，また，入手した監査証拠に基づき，継続企業の前提に重要な疑義を生じさせるような事象又は状況に関して重要な不確実性が認められるかどうか結論付ける。継続企業の前提に関する重要な不確実性が認められる場合は，監査報告書において財務諸表の注記事項に注意を喚起すること，又は重要な不確実性に関する財務諸表の注記事項が適切でない場合は，財務諸表に対して除外事項付意見を表明することが求められている。監査人の結論は，監査報告書日までに入手した監査証拠に基づいているが，将来の事象や状況により，企業は継続企業として存続できなくなる可能性がある。

- 　財務諸表の表示及び注記事項が，我が国において一般に公正妥当と認められる企業会計の基準に準拠しているかどうかとともに，関連する注記事項を含めた財務諸表の表示，構成及び内容，並びに財務諸表が基礎となる取引や会計事象を適正に表示しているかどうかを評価する。

監査人は，監査役及び監査役会に対して，計画した監査の範囲とその実施時期，監査の実施過程で識別した内部統制の重要な不備を含む監査上の重要な発見事項，及び監査の基準で求められているその他の事項について報告を行う。

監査人は，監査役及び監査役会に対して，独立性についての我が国における職業倫理に関する規定を遵守したこと，並びに監査人の独立性に影響を与えると合理的に考えられる事項，及び阻害要因を除去又は軽減するためにセーフガードを講じている場合はその内容について報告を行う。

監査人は，監査役及び監査役会と協議した事項のうち，当事業年度の財務諸表の監査で特に重要であると判断した事項を監査上の主要な検討事項と決定し，監査報告書において記載する。ただし，法令等により当該事項の公表が禁止されている場合や，極めて限定的ではあるが，監査報告書において報告することにより生じる不利益が公共の利益を上回ると合理的に見込まれるため，監査人が報告すべきでないと判断した場合は，当該事項を記載しない。

利害関係

会社と当監査法人又は業務執行社員との間には，公認会計士法の規定により記載すべき利害関係はない。

以 上

上の例の文中に，監査上の主要な検討事項とありますが，これは，監査人が当該年度の財務諸表の監査において，特に重要であると判断した事項をいいます。会社の財務状況や経営環境は様々であるため，監査人が監査において特に重要と考える事柄（ことがら）も会社によって異なります。この記述は，監査プロセスの透明性を高め，監査に対する信頼性をより向上させるためのものであり，監査人は，監査の過程で監査役等と協議した事項の中から絞り込んでこれを決定し，「監査上の主要な検討事項」区分に，その内容，決定理由および監査人としての対応を記載します。

また，その他の記載内容とは，有価証券報告書などの開示書類の内容のうち，財務諸表とその監査報告書を除いた部分の記載内容のことです。監査人は，その他の記載内容と財務諸表または監査人が監査の過程で得た知識との間に重要な相違がないかどうかを検討し，その結果等を「その他の記載内容」区分に記載しなければならないとされています。

これらはいずれも監査意見ではなく，財務諸表利用者に対する監査に関する情報の提供を充実させる観点から，その記載が求められているものです。

# 3 財務諸表監査の目的とリスク・アプローチ

## (1) 財務諸表監査の目的と特徴

　財務諸表を会社の外部者である監査人が監査することの目的は，経営者が作成した財務諸表に対して意見を表明することにあります。監査人が表明する意見は，多くの場合，財務諸表が「一般に公正妥当と認められる企業会計の基準」に従って，その会社の財政状態や経営成績などの状況を，すべての重要な点において適正に表示しているかどうかについてなされます。

　会計上の誤謬や不正によって真実性が損なわれている財務諸表の表示を，財務諸表の虚偽表示といいます。監査人が，財務諸表は適正に表示されているという意見を表明するということは，財務諸表には全体としてみれば，重要な虚偽表示は存在しないということについて，監査人自身が，絶対的ではないものの相当程度の心証を得たことを意味しています。絶対的な確信を持つことが難しいのは，そもそも会計の数値には将来の予測や見積りの要素が含まれているものがあるという会計の性格に由来する理由のほか，財務諸表監査においては，基本的に，監査対象期間中のすべての会計記録をくまなく調べるのではなく，その一部を抽出して検討した結果により会計記録全体の適否や正否を推定する手法がとられるといった財務諸表監査の現代的特徴に由来する理由などによります。なお，会計記録の一部の検証結果から全体の特性を評価する監査の手法をサンプリングにもとづく試査といいます。試査とは，監査対象とする特定の項目全体（母集団）から一部の項目を抽出し，それに対して監査手続を実施することをいいます。また，母集団のすべての項目を抽出して監査手続を実施することを精査といいます。

　近年はAI（人工知能）を監査に導入し，監査業務の有効性および効率性をより高める取組みが進められています。AIの活用により，たとえば，被監査会社から注文書などの売上に関する証憑を電子ファイルで入手し，被監査会社の会計システムから抽出した売上データと全件にわたって突き合わせたり，被監査会社から入手した仕訳データについて，監査人が事前に異常パターンを設

定し，これをAIに学習させてテストすることにより，広範囲の仕訳データについて不正のチェックを行うことが可能になるなど，精査に近い監査結果が得られるようになることが期待されています。

## (2) 監査リスクとリスク・アプローチ

　現行の財務諸表監査の特徴の1つは，それが原則として試査によって行われるところにありますが，試査は，監査対象のすべてを検証するものではないため，監査人が検証の対象としなかった会計記録などに誤謬や不正が存在すると，それが最終的には財務諸表に虚偽表示をもたらすことになります。ところが，監査人はその誤謬や不正に気づいていないため，財務諸表にそれらを原因とする重要な虚偽表示が存在しても，財務諸表には問題はないという監査意見を表明してしまいます。同様のことは，監査人が選択・適用する監査手続，すなわちそれによって得られる監査証拠の証明力や，その実施時期に問題がある場合にも生じます。監査人が，財務諸表の重要な虚偽表示を見逃して，誤った監査意見を形成する可能性のことを**監査リスク（AR）**といいます。監査リスクは，様々な要因の存在とその後のプロセスを経て発生します。これを式にして表せば，

$$固有リスク（IR）×統制リスク（CR）×発見リスク（DR）＝監査リスク（AR）$$

となります。

　**固有リスク（IR）**とは，関連する内部統制が会社に存在していないと仮定した場合に，財務諸表に重要な虚偽表示がなされる可能性をいいます。**内部統制**とは，会社の財務報告の信頼性を確保し，事業運営の有効性と効率性を高め，事業経営に関係する法令の遵守を促すために，経営者や従業員などによって遂行されている会社内の仕組みをいいます。会社内で定められている会計処理の流れやチェック体制なども内部統制の一部です。固有リスクとは，内部統制が存在しないとした場合に，財務諸表にそもそも誤謬や不正が存在してしまう可能性のことです。これには様々な要因が考えられますが，たとえば，景気の動向，競争の状況，製品やサービスに関連する技術革新の影響，消費者の需要動

向の変化，経営者の誠実性など，企業内外の経営環境からもたらされるものや，複雑な計算，経営者の見積りを必要とする項目など，特定の取引や勘定がもっている特性からもたらされるものなどがあります。

　統制リスク（CR）とは，財務諸表の重要な虚偽表示が，会社の内部統制によって防止または適時に発見・是正されない可能性をいいます。つまり，会社の内部に，誤謬や不正がそもそも発生しないような仕組み，またはたとえそれらが発生しても，適時に発見・是正されるような仕組みが存在していないか，または仕組みそのものは存在していても，それが有効に機能していないなどの状況にある場合には，誤謬や不正が会社の内部でチェックされることなく財務諸表に現れてしまうことになります。また，たとえ内部統制が有効に機能していると思われる場合であっても，その有効性を絶対的なものとして信頼することはできません。たとえば，内部統制は，担当者の不注意や複数の担当者による共謀によって有効に機能しなくなる場合があり，また，内部統制の考案時には想定していなかった組織内外の環境の変化には必ずしも対応できないことや，内部統制の整備・運用にあたっては，それに要する費用と得られる便益との比較検討が求められること，さらには，内部統制を整備・運用する責任を有する経営者自身が，その社内における地位を利用して内部統制を無視し，自らが不正を行う可能性があるなど，内部統制にも固有の限界があるためです。したがって，すべての誤謬や不正が，内部統制によって確実に防止・発見されると考えることはできないのです。

　発見リスク（DR）とは，会社の内部統制によって防止または発見されなかった財務諸表の重要な虚偽表示が，監査人による監査手続によっても発見されない可能性をいいます。監査人は監査に関連する情報をすべて入手したことについて絶対的な確信を持つことができないことや，監査時間と監査費用の観点から試査により監査を実施する場合が多いことなどの監査固有の限界から，発見リスクを抑えることはできても，これをゼロにすることはできません。

　固有リスクと統制リスクをあわせて**重要な虚偽表示のリスク**といいます。重要な虚偽表示のリスクは会社側の問題であって，財務諸表監査とは独立して存在しています。つまり監査人は，重要な虚偽表示のリスクを評価するのみで，これを高めたり低めたりすることはできないのです。ここで，監査リスクを一

定水準に保つことを前提とすれば，重要な虚偽表示のリスクと発見リスクは逆の関係となり，重要な虚偽表示のリスクが高いと評価した場合には，発見リスクが低くなるような監査を実施しなければならず，重要な虚偽表示のリスクが低いと評価した場合には，発見リスクが高い監査が許容されることになります。すなわち，重要な虚偽表示のリスクを評価した結果から求められる発見リスクの程度が，監査人の監査の内容を決定する直接的な要素となるわけです。発見リスクを低くするためには，たとえば，より強い証明力のある監査証拠を得るための監査手続を実施することや，決算日により近い時期における監査手続の実施，試査範囲の拡大などの方策が考えられます。

　監査人の数，監査時間，監査の対価などを監査資源といいます。監査資源には限りがあるため，これを有効に活用するためには，重要な虚偽表示をもたらす原因が存在する可能性が低いと考えられる領域にはそれに見合った監査資源を配分するとともに，そのような可能性が高いと考えられる領域には多くの監査資源を配分しなければなりません。このように，重要な虚偽表示のリスクが高い部分に重点的に監査資源を配分することによって，監査の有効性と効率性を両立しようとする監査の手法をリスク・アプローチといいます。現代の財務諸表監査に対しては，重要な虚偽表示を発見することについての社会からの期待があり，この期待にこたえる観点からも，リスク・アプローチを重視した監査の実施が求められています。

## 4 ┃ 監査のプロセスと監査手続

### ⑴　監査の基本的なプロセス

　監査人による財務諸表監査は，基本的に以下の流れで実施されます。

①会社からの監査の依頼

②監査契約に係る予備的な活動

③会社との監査契約の締結

④監査計画の作成 1 （監査の基本的な方針の策定）

⑤監査計画の作成 2 （詳細な監査計画の作成）〈リスク評価手続の監査計画〉

⑥リスク評価手続の実施

⑦監査計画の作成3 （詳細な監査計画の作成）〈リスク対応手続の監査計画〉

⑧リスク対応手続の実施

⑨監査意見の形成

⑩会社への監査報告書の提出

⑪監査調書の整理と保存

ここでは，上の流れに沿ってそれぞれの内容を説明していきます。

### ①会社からの監査の依頼 ～ ③会社との監査契約の締結

　財務諸表監査は，一定の条件を満たす会社に対して法律により強制されるものですが，その監査人は会社が選定することになっており，監査の実施にあたっては，会社と監査人との間で監査契約が締結されます。この締結に先立ち，監査人は，監査契約に係る予備的な活動を実施します。監査人が会社との間に著しい利害関係を有するときにはその会社の監査を行うことができないことから，ここでは，その利害関係の有無の調査が行われるほか，会社の内部統制の整備・運用の状況や会社が採用している会計システムなどに，監査を実施する上で支障をきたす可能性のある事項がないかどうかを網羅的に検討します。また，監査を引き受けた場合に，監査人側に当該会社の監査を適切に遂行する能力があるかどうかや，経営者の誠実性に問題がないかといったことも，ここでの考慮事項に含まれます。この活動を通じて問題点が検出されなければ，監査契約を締結することになります。

### ④監査計画の作成1 （監査の基本的な方針の策定）

　監査計画の作成にあたっては，まず，詳細な監査計画を作成するための指針となる監査の基本的な方針の策定が行われます。ここでは，監査業務の範囲，監査の実施時期，監査の方向性などが決められます。たとえば，監査業務の範囲を決定する際に考慮する事項としては，連結財務諸表に関して連結の範囲を決定するための子会社などの支配の状況や，過年度の監査で入手した監査証拠の利用可能性などがあり，監査の実施時期を決定する際に考慮する事項としては，予定されている財務報告の時期や監査報告の期限などがあり，また，監査

の方向性の決定に際しては，重要な勘定や重要な虚偽表示のリスクが高い可能性のある領域の識別などが行われます。さらに，重要な虚偽表示のリスクが高いと考えられる領域への，適切な経験を有する監査チームメンバーの配置や監査時間の配分などもこの段階で考慮されます。

### ⑤監査計画の作成2（詳細な監査計画の作成）〈リスク評価手続の監査計画〉～ ⑥リスク評価手続の実施

④の基本的な方針にもとづき，リスク評価手続としてどのような監査手続を実施するか，それらはいつ，どのような範囲で行うかなどを織り込んだリスク評価手続の詳細な監査計画が作成されます。**リスク評価手続**とは，監査人が，会社や会社を取り巻く環境を理解し，重要な虚偽表示のリスクを暫定的に評価するために実施する手続です。このリスクの評価にあたっては，監査人は2つの観点を考慮しなければなりません。まず第1は，財務諸表全体レベルの重要な虚偽表示のリスクであり，第2は，アサーション・レベル（財務諸表項目レベル）の重要な虚偽表示のリスクです。**アサーション**とは，経営者が財務諸表を通じて示していることがらのことです。アサーションについては，次の(2)で具体的に説明します。

財務諸表全体レベルの重要な虚偽表示のリスクとは，財務諸表全体に広く関わりがあり，経営者による多くのアサーションに潜在的に影響を及ぼすリスクのことです。これは，会社を取り巻く経済状況の悪化などの要因にもとづいて生じる場合もあれば，経営者が誠実でないなど，会社内の環境に起因して生じる場合もあります。このリスクは，必ずしも特定のアサーションの問題に結びつけられるものではなく，むしろ経営者による内部統制の無効化などにより，様々なアサーションにおいて重要な虚偽表示のリスクを増大させるものです。

アサーション・レベルの重要な虚偽表示のリスクとは，財務諸表項目における取引，勘定残高，開示などに関連するアサーションに存在するものをいい，固有リスクと統制リスクの2つから構成されます。監査手続は，最終的にはアサーション・レベルの重要な虚偽表示の存在に焦点が絞られます。

⑦監査計画の作成3（詳細な監査計画の作成）〈リスク対応手続の監査計画〉〜 ⑧リスク対応手続の実施

　リスク評価手続を実施した後，この結果にもとづいてリスク対応手続の種類，時期および範囲についての詳細な監査計画が作成されます。リスク評価手続では，アサーション・レベルの重要な虚偽表示のリスクの暫定的な評価が行われますが，これは，すでに述べた監査リスクの式でいえば，固有リスクと統制リスクの評価に該当します。監査リスクを一定水準に抑えるために，リスク評価手続で評価した重要な虚偽表示のリスクの程度と，予定している最終的な監査リスクの程度から，発見リスクの水準をどの程度にするかを導き出します。その発見リスクの水準を達成するために実施する監査手続が**リスク対応手続**です。

　リスク対応手続は，**運用評価手続**と**実証手続**から構成されます。運用評価手続は，内部統制に対して実施されるもので，アサーション・レベルの重要な虚偽表示を防止または発見・是正するための内部統制が有効に運用されているかを評価するための監査手続です。また，実証手続は，アサーション・レベルの重要な虚偽表示を見逃さないように実施する監査手続で，勘定残高などを監査人が直接検証します。

　運用評価手続は，次の2つの場合に実施されます。

a．リスク評価手続において，アサーション・レベルの重要な虚偽表示のリスクを評価した際，内部統制が有効に運用されていると想定されたため，その評価を前提として実証手続が実施されるときに，その前提を裏づける場合。

b．実証手続のみでは，アサーション・レベルで十分かつ適切な監査証拠を入手できない場合。たとえば，収益の「発生」に関する虚偽表示のリスクには実証手続（記録や文書の閲覧など）の実施が最も適合することがあるが，収益の「網羅性」に関する虚偽表示のリスクには運用評価手続（内部統制に関する質問と再実施など）の実施が最も適合することがある。

　なお，監査手続の実施過程で，監査計画時には予期しなかった状況が新たに生じた場合，状況が変化した場合または監査手続の実施結果が予想と異なった場合には，必要に応じて，監査の基本的な方針および詳細な監査計画を見直し，これらにもとづいてリスク対応手続の内容を修正しなければなりません。

⑨監査意見の形成と⑩会社への監査報告書の提出については，すでに2「監査意見と監査報告書」で取り上げましたので，ここでは省略します。

### ⑪監査調書の整理と保存

監査調書とは，監査契約の締結から監査報告書作成までの間の監査の記録であり，実施した監査手続の種類・時期・範囲，入手した監査証拠とそれにもとづく職業的専門家としての判断や到達した結論などを内容とするものです。監査調書は，紙に記録される場合もあれば，パソコンなどのファイルとして電子的に作成されることもあります。

監査人は，監査の開始時から適時に監査調書を作成しなければなりません。先に示した監査の基本的なプロセスの中では，監査調書の整理と保存が最後に示されていますが，これは，整理と保存を最後に行うという意味であって，監査調書の作成自体は，監査の実施と並行して行われます。

実施した監査の記録を監査調書として残すことは，次のような点で役立ちます。

a．監査計画と照らし合わせることにより，監査の進行度合を確認することができる。

b．実施した作業や到達した結論の根拠を説明する際に役立つ。

c．以前に実施した監査の記録があれば，その後の監査計画を作成する際に監査の重点や注意すべきことがらなどがわかる。

監査調書の整理が完了した後は，適切な期間にわたってこれを保存しておく必要がありますが，この保存期間は，一般的には会社法における計算書類の保存期間である10年がめやすとされます。

## (2) アサーションと監査要点

アサーションとは，経営者が財務諸表において主張している事柄をいい，これには次のような種類があります。

① 資産，負債および純資産は実際に存在する（実在性）。

② 記録すべき取引や会計事象はすべて記録されている（網羅性）。

③ 会社は資産の権利を保有しており，また負債は会社の義務である（権利と義務）。

④ 資産，負債および純資産は適切な金額で財務諸表に計上され，評価の結果または期間配分調整は適切に記録されている（評価と期間配分）。

⑤ 資産，負債および純資産は適切に集計または細分化されて明瞭に記述されており，関連する注記は適切に行われている（表示および注記）。

**監査要点**は，監査人が立証すべき目標のことであり，経営者によるアサーションを立証するために設定されます。したがって，監査要点の種類にも，アサーションに対応するように，実在性，網羅性，権利と義務の帰属，評価の妥当性，期間配分の適切性，表示の妥当性などがあります。監査人は，経営者が財務諸表で提示しているアサーションが正当であるかどうかを立証目標すなわち監査要点とし，個々の監査要点について監査の手法としての監査手続を選

貸借対照表

①　売掛金100,000円に関係する売上取引は実際に発生したものであり，100,000円の売掛金残高は実在する（実在性）。

②　売掛金はすべて記載されており，100,000円にもれはない（網羅性）。

③　100,000円の売掛金の債権はすべて会社が保有している（権利）。

④　売掛金100,000円については貸倒引当金が適切に設定されており，また次期に計上すべきものは含まれていない（評価と期間配分）。

⑤　売掛金100,000円について，その勘定科目と必要な場合の注記は適切である（表示および注記）。

監査人は，それぞれのアサーションに対して監査要点を設定し，閲覧や確認などの監査の手法としての監査手続を選択・適用して監査証拠を収集します。監査の手法としての監査手続は，リスク評価手続およびリスク対応手続として行われますが，実施するリスク対応手続の種類，時期および範囲は，合理的に低い水準に設定された監査リスクの程度ならびにリスク評価手続による固有リスクおよび統制リスクの評価結果から導かれる発見リスクの程度によって決定されます。なお，財務諸表の各勘定にどのような監査要点が設定されるかは，その勘定がどのようなアサーションを提示しているかによって異なります。

択・適用し，監査証拠を収集することによって，それぞれのアサーションの正当性を証明していくことになります。たとえば，貸借対照表に「売掛金100,000円」と表示されている場合，経営者はこの売掛金についての記載によって，前頁に示すようなアサーション（①〜⑤）を提示しています。

　監査人が表明する意見は，多くの場合，財務諸表が，その会社の財政状態や経営成績などの状況をすべての重要な点において適正に表示しているかどうかについてなされるものですが，財務諸表の適正性は直接立証することはできません。そこで，財務諸表をアサーションに細分化し，細分化したアサーションに対して監査要点を設定し，監査要点に関して立証した事項を積み上げて統合化し，財務諸表全体としての適正性に関する結論を導くことになります。

### (3)　監査の手法としての監査手続とその内容

　監査人は，監査意見を形成するための十分かつ適切な監査証拠を得るために，監査手続を実施します。この監査手続の具体的な手法には，以下のものがあります。

#### ①　閲　　覧

　紙媒体や電子媒体など，様々な形で残されている会社内外の記録や文書を確かめる監査手続。この監査手続によって入手した監査証拠の証明力は，その記録などを誰が作成したか，また，どの場所に保管されていたかなどの要因によって異なる。閲覧には，証憑突合，帳簿突合が含まれる。

#### ②　証憑突合

　会計上のデータとそれを裏づける証憑書類とを照合することによって，証憑書類に示された取引が，会計上に正しく反映されていることを確かめる監査手続。証憑書類とは，取引において，会社と会社の外部者との間で取り交わされる，取引の証拠となる書類をいい，たとえば，注文書，納品書，請求書，領収書などのことである。

### ③　帳簿突合

総勘定元帳と売掛金元帳の照合など，会計帳簿間の照合によって正確な記録が行われていることを確かめる監査手続。

### ④　観　察

会社の従業員などが実施する業務処理のプロセスや手続を確かめる監査手続。観察には，施設・設備の視察や，建設業における現場視察なども含まれる。

### ⑤　立　会

会社が行う棚卸資産の実地棚卸の現場に監査人がおもむいて，その実施状況を確かめる監査手続。立会は観察の一種である。

### ⑥　実　査

監査人自らが，有形資産の現物を実際に確かめる監査手続。なお，棚卸資産の実査は，実地棚卸の立会の時に合わせて実施されることがある。

### ⑦　質　問

経営者，従業員または会社外部の関係者に問い合わせて，説明または回答を求める監査手続。質問は監査の全過程において実施される。質問は，比較的容易に実施することができるが，一方で，質問に対する回答には記憶違いや，場合によっては意図的な虚偽が存在する可能性があり，質問に対する回答のみでは十分かつ適切な監査証拠となり得ないことが多いことから，通常は，質問以外の手法と組み合わせて利用される。質問には，公式な書面によるものから非公式な口頭によるものまで様々な形式がある。

### ⑧　確　認

帳簿上の勘定残高などについて，会社の取引先などの第三者に対して問い合わせを行い，その回答を文書により直接入手する監査手続。確認は，監査人がその回答を，被監査会社を経ることなく入手するものであり，被監査会社に回答を偽造・改ざんする機会がないことから，一般的には，これによって入手さ

れる監査証拠の証明力は強いとされる。確認には，確認回答者が確認を依頼された情報に同意するかしないかを問わず，必ず回答を求める方法である積極的確認と，確認回答者が確認を依頼された情報に同意しない場合にのみ回答を求める方法である消極的確認の2種類がある。消極的確認により入手される監査証拠の証明力は，積極的確認の場合に比べると弱い。

#### ⑨　再 計 算

記録や文書における計算の正確性を，監査人自らが計算し，確かめる監査手続。再計算は，手作業により，またはITを利用して行われる。

#### ⑩　再 実 施

会社が実施している内部統制の手続を，監査人自らが実施することによって確かめる監査手続。

#### ⑪　分析的手続

財務データ相互間または財務データ以外のデータと財務データとの間に存在する関係を利用して推定値を算出し，監査人が算出した推定値と会社の財務情報を比較・検討することによって，財務情報を評価する監査手続。推定値と財務情報との間に重要な差異がある場合には，その原因を調査する必要がある。

これらの監査の手法としての監査手続の実施によって入手される監査証拠は，監査人が意見表明の基礎となる個々の結論を導くために利用されます。監査証拠は，基本的には，監査手続を通じて被監査会社の内外から収集される情報ですが，たとえば，質問に対する回答を経営者が拒んだ場合など，情報を得られなかったことそれ自体が監査証拠となる場合もあります。意見表明の基礎となる個々の結論を導くための十分かつ適切な監査証拠が入手できたかどうかは，監査人の職業的専門家としての判断にゆだねられます。

## 5 | 監査の品質管理

### (1) 監査に関する品質管理基準

　財務諸表の利用者が，信頼できる財務諸表にもとづいて意思決定ができるようにするためには，財務諸表の信頼性の程度を検証するものである監査の品質を一定以上に保つ必要があります。各監査人がまったく独自に，監査の品質を保つ工夫や努力をしても，その品質には差が生じてしまう可能性があります。維持すべき監査の品質を一定以上のものとすることは，監査制度に対する社会的信頼性の確保の観点からも重要であることから，金融庁に設置されている審議会の１つである企業会計審議会は，監査人が守るべき**監査に関する品質管理基準**を設定し，公表しています。

　監査に関する品質管理基準では，まず，監査事務所に対し，監査業務の質を管理し，合理的に確保するために，監査事務所が実施する業務の内容と監査事

図表13-3　監査に関する品質管理基準

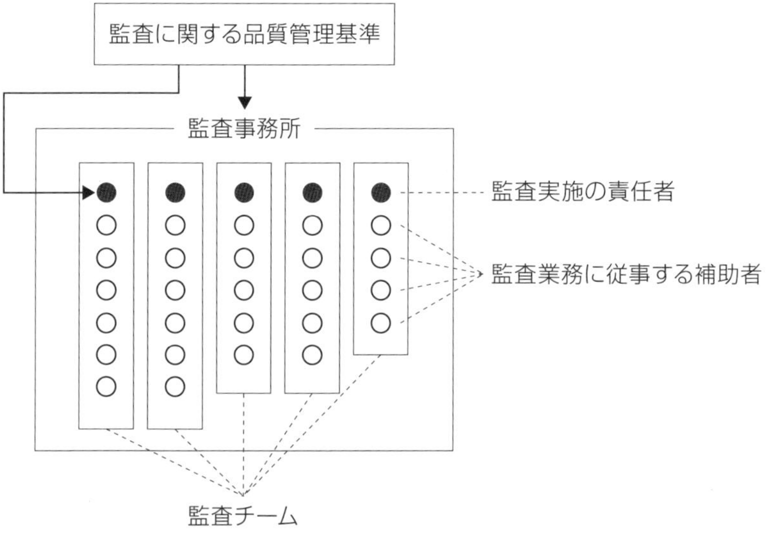

務所自体の状況を考慮した上で，職業的専門家としての立場から，品質管理システムを適切に整備・運用することを要求し，次いで，監査実施の責任者に対しては，監査事務所が設けた品質管理システムに準拠して，監査業務における品質管理に責任を負わなければならないとしています。品質管理システムにおいては，職業倫理の遵守と独立性の保持，監査実施の責任者および監査業務に従事する補助者による責任ある業務遂行，補助者に対する適切な指揮，監督および監査調書の査閲，職業的専門家としての適切な判断ならびに懐疑心の保持および発揮，監査業務に関する文書の適切な記録および保存などについて品質目標を設定することが求められています。また，特に監査事務所に対しては，品質目標の達成を阻害しうるリスクを識別し適切に対処する主体的なリスク管理が求められており，さらにこうした品質管理システムそのものに不備がないかをモニタリングするとともに，不備が識別された場合の改善プロセスを整備・運用しなければならないとされています。

## (2) 監査の品質管理の体制

各監査事務所は，監査に関する品質管理基準に従って，それぞれの品質管理の方針と手続を定めていますが，こうした各監査事務所における品質管理が適切に実施されているかどうかについて調査を行っているのが，わが国における唯一の公認会計士の団体である日本公認会計士協会です。この調査を，品質管理レビューといい，公認会計士法によってその実施が求められています。

具体的には，日本公認会計士協会に設けられている品質管理委員会の下に置かれたレビューチームが，原則として3年に1度（大規模監査法人は2年に1度），監査事務所の監査の品質管理の状況をレビューし，品質管理委員会で審査した上で，レビュー結果を監査事務所に通知し，必要に応じて改善を勧告し，その勧告に対する改善状況の報告を監査事務所から受けるものです。

この日本公認会計士協会による品質管理レビューの状況をモニタリングしているところが，金融庁に設置されている機関である公認会計士・監査審査会です。審査会のモニタリングの対象は，日本公認会計士協会による品質管理レビューの実施状況ですが，モニタリングの結果により，必要な場合には監査事務所や被監査会社にも立ち入って，監査事務所における品質管理の方針と手続

の整備・運用状況や被監査会社に対して行われた監査業務の遂行状況などの検査を実施します。その結果，品質管理レビューが適切に行われていなかったことが明らかになった場合や，監査事務所において監査の品質管理が著しく不十分であったり，監査業務が法令等に準拠していないことが明らかになった場合には行政処分などの措置を金融庁長官に勧告し，金融庁から懲戒処分等が行われます。このように，制度全体からみれば，わが国の監査の品質は，各監査事務所，日本公認会計士協会および公認会計士・監査審査会から構成される3層構造により確保される仕組みになっています。

## 6 ┃ 監査基準と公認会計士

### (1) 監査基準と監査の国際化

　わが国に公認会計士が誕生したのは昭和23（1948）年のことです。この年の7月に公認会計士法が公布され，会社が作成する財務諸表の監査をその業務の主体とする職業会計人の制度がスタートしました。ところが，それまでわが国では，会社の外部者による監査が法律で定められておらず，会社外部者による監査が一般的な慣行として行われていなかったことから，公認会計士による監査を法律にもとづく制度として経済社会に円滑に導入するためには，監査を受ける会社はもとより，その取引先や投資家などの経済社会全体に対して，公認会計士による監査とはどのようなものであるかを示す必要があり，また，監査を実施する公認会計士に対しても，どのような考え方のもとにいかなることを実施するかという監査の指針を明らかにする必要がありました。そこで，企業会計基準審議会（現在の企業会計審議会）は，昭和25（1950）年に**監査基準**を設定・公表し，公認会計士が監査業務を行う際に従わなければならない規範としたのです。

　監査基準は，その後も粉飾決算に対する不正摘発の手続の強化などを目的として改訂を重ね現在に至っていますが，近年では，わが国の監査基準の内容を，世界的な監査の基準である**国際監査基準（ISA）**に合わせるための改訂が行われており，わが国の現行の監査基準は，内容としては国際監査基準とほぼ同じ

ものとなっています。資金調達活動や投資活動のグローバル化を背景として，会計基準をめぐる動きと同じく，自国の監査基準を国際監査基準と同様のものとする動きは世界に広がっており，これによって同じ水準の監査がどの国においても行われるようになることが期待されています。国際監査基準は，国際会計士連盟（IFAC）の中に設置されている国際監査・保証基準審議会（IAASB）が設定しています。

## (2)　公認会計士の職務と倫理

　公認会計士は，監査および会計の専門家として，独立した立場において，財務書類その他の財務に関する情報の信頼性を確保することにより，会社等の公正な事業活動，投資家および債権者の保護等を図り，もって国民経済の健全な発展に寄与することを使命としています。公認会計士になるためには，公認会計士・監査審査会が実施している国家試験たる公認会計士試験を受験し，合格しなければなりません。試験は，短答式（マークシート）および論文式（筆記）の方法により行われます。短答式試験の科目には，財務会計論，管理会計論，監査論および企業法があり，論文式試験は，短答式試験合格者に対し，会計学，監査論，企業法，租税法および選択科目（経営学，経済学，民法，統計学の中から１科目）について行われます。短答式試験に合格した者は，その後２年間は短答式試験が免除されます。また論文式試験には科目合格制が導入され，合格した科目については２年間免除が受けられます。受験資格の制限はありません。

　公認会計士の職務の中心となるものは，これまで述べてきた財務諸表の監査です。証券市場を通じて投資家から資金を集めようとする会社は，投資家に対して自社の財務の状況を財務諸表によって明らかにする責任を有しますが，財務諸表に記載された数値などが正しいものでなければ，投資家は正しい投資の判断ができません。したがって，会社についての正しい財務情報が投資家に提供される仕組みが必要となりますが，会社は財務諸表を作成する立場であるため，自ら作った財務諸表が正しいことを投資家に対して証明することはできません。そこで，会社から独立した第三者が，会社が作成した財務諸表の内容を検証し，財務諸表の信頼性の程度を投資家などに対して明らかにすることが必

148

要となります。こうした仕組みを通じて，投資家は公正で信頼できる情報にもとづいて適正な投資活動を行うことが可能となり，広い目で見れば，わが国のみならず，世界的な規模で適切な資金配分が行われることによって，結果として経済社会全体が健全に発展していくことにつながります。

このように，公認会計士がその社会的な使命を果たすためには，第三者性すなわち監査対象となる会社からの**独立性の保持**が職業上の倫理として強く求められますが，日本公認会計士協会では，独立性以外にも，公認会計士がその社会的役割を自覚し，自らを律し，かつ社会の期待にこたえうるようその職責を果たすために守るべき倫理に関する事項を倫理規則として制定しています。倫理規則では，公認会計士が守らなければならない倫理に関する基本原則として，次の5つをあげています。

① **誠実性**

すべての職業的専門家としての関係およびビジネス上の関係において率直かつ正直であること。

② **客観性**

次のいずれにも影響されることなく，職業的専門家としての判断または業務上の判断を行うこと。
a．バイアス
b．利益相反
c．個人，組織，テクノロジーもしくはその他の要因からの過度の影響またはこれらへの過度の依存

③ **職業的専門家としての能力および正当な注意**

a．現在の技術的および職業的専門家としての基準ならびに関連する法令等に基づき，依頼人または所属する組織が適切な専門業務を確実に受けられるようにするために職業的専門家として必要な水準の知識および技能を修得し，維持すること。
b．適用される技術的および職業的専門家としての基準に従って，勤勉に

行動すること。

④ **守秘義務**

業務上知り得た秘密を守ること。

⑤ **職業的専門家としての行動**

a．関連する法令等を遵守すること。

b．すべての専門業務およびビジネス上の関係において，公共の利益のために行動するという職業的専門家の責任をまっとうするように行動すること。

c．職業的専門家に対する社会的信用を傷つける可能性があることを会員が知っている，または当然に知っているべき行動をしないこと。

　公認会計士が行っている業務には，これまで述べてきた監査業務のほか，コンサルティング業務があります。コンサルティング業務の内容には，たとえば，会社のリスク管理についての相談業務，組織再編や合併・買収に関する支援業務，不正や誤謬を防止するための管理システム（内部統制）の立案や指導，資金管理・在庫管理・固定資産管理などの管理に関する方法の立案や指導などがあります。さらに，公認会計士は，税理士登録を行い，税理士会に入会することにより，税理士として税務業務を行うこともできます。

# 第14章　税務会計

<学習のポイント>
1．租税の種類は？
　　租税は，「所得に対する租税」，「消費に対する租税」，「資産等に対する租税」の3つに区分されます。その中でも，税を負担する能力（担税力という）をはかるのに，公平性の観点から最も優れているのは所得です。
2．法人税とは？
　　個人の所得に課せられる租税は所得税，法人の所得に課せられる租税は法人税です。法人税は，昭和15年に所得税から独立しました。
3．税務会計とは？
　　税務会計は，法人税，法人の所得（課税所得という）を計算するための会計です。法人税は，課税所得に法人税率を掛けて算出します。
4．税務会計と企業会計の関係は？
　　課税所得は，企業会計上の利益に税務上の調整を加えて算出します。そのため，企業会計上の利益と税務会計上の所得は必ずしも一致しません。

　税務会計とは，租税法，その中でも特に法人税法の枠組みの中で行われる制度会計であり，法人税，課税所得を計算するための会計のことを指します。租税には所得税，消費税，法人税，相続税など数多くの種類があり，国家が国民の財産の一部を徴収するという特殊性をもっています。このような租税の特殊性から，法人税法にもとづく税務会計について知るには，まず租税について知る必要があります。ですから，本章では，租税の基礎や原則について簡単に学んだ上で，税務会計の基礎知識について学ぶという方法で進めていきます。

## 1 ┃ 租税の基礎知識

### ⑴　租税はなぜ必要なのか

　私たちは，国防，警察，消防，司法，教育，水道，道路など，様々な公共サービスを受けながら生活しています。こうした公共サービスは，国や社会にとって必要不可欠なものであり，莫大な費用がかかります。これらの費用を調達するために，租税が必要なのです。

　公共サービスの多くは，国民が広く便益を受けるもので，国民の受益と負担を結びつけることが難しい性質のものであるため，社会の構成員である国民が，租税という形で担税力に応じて公平に負担すべきものとされています。そのため，国は租税について「社会の会費」という表現を使っています。

　このように，租税の本来の目的は，公共サービスのための資金調達にありますが，それ以外に租税が持つ機能として，再分配機能や景気調整機能があります。

　日本国憲法は財産権を保障していますが，その一方で福祉国家の理念のもとに生存権を保障しており，富の再分配を不可欠としています。富の再分配の方法には，社会保障や最低賃金制度などの社会政策もありますが，租税を通じて行うことが，市場経済への介入度合が少なく，最も適切であるとされています。たとえば，累進所得税には，高所得者に重く課税をし，低所得者に軽い課税をすることで，所得の格差を是正するという所得の再分配機能があるのです。

　また，累進所得税には自動の景気調整機能も備わっています。景気が上昇しているときは，所得が増大し，累進所得税の下では高税率で課税されることになりますので，その分，投資や消費を抑制することになり，景気の過熱を抑えることができます。一方，景気が下降しているときは，所得が減少し，累進所得税の下では低税率で課税されることになりますので，その分，投資や消費を刺激することになり，景気を後押しすることができます。このように，累進所得税には，景気の動向により新たに租税政策を導入することなく，自動で景気を調整する機能があるのです。

## (2)　租税の意義と種類

　一般的に，租税は，特別の給付に対する反対給付としてではなく，国家が公共サービスを提供するための資金調達を目的として，一定の要件に該当するすべての者に課する金銭給付であると定義づけられています。つまり，租税の特徴は，公益性，権力性（強制性），非対価性にあり，これが他の法律とは異なる租税法の特殊性へとつながっています。

　租税の種類は，主に「所得に対する租税」，「消費に対する租税」，「資産等に対する租税」の3つに区分されます。具体的には次のような税があります。

---

所得に対する租税：所得税，法人税，住民税など

消費に対する租税：消費税，たばこ税，酒税，揮発油税など

資産等に対する租税：相続税，固定資産税，自動車税など

---

　租税においては，担税力（たんぜいりょく）に応じて公平に課税することが重要ですが，担税力を測るモノサシとして，所得，消費，資産等があります。

　そして，担税力を測るモノサシとして，公平性の観点から最も優れているのは所得であるといわれていますが，だからといってすべての租税を所得に対する租税だけで徴収するのではなく，所得課税を中心としながら3つのモノサシをバランスよく組み合わせて税制を構築することが好ましいとされています。これをタックス・ミックスというのですが，いかに公平に課税するかということは租税制度の永遠の課題です。どうやったら公平な課税が実現できるのか，みなさんも考えてみましょう。

## (3)　租税法の基本原則

　租税法は，国家と国民との間の租税に関する権利義務関係（租税債権債務関係という）について定めたもので，租税法の基本原則として，租税法律主義と租税公平主義があります。

　まず，租税法律主義についてみてみましょう。日本国憲法では，30条で国民に納税義務を課し，84条で，「あらたに租税を課し，又は現行の租税を変更するには，法律又は法律の定める条件によることを必要とする。」として，租税

法律主義を定めています。租税法律主義は，国家は法律の根拠にもとづくことなしに租税を賦課徴収することはできないという原則で，歴史的にはイギリスにおいて国王による恣意的課税から国民を守るために誕生した憲法原理です。租税は，国家が国民の財産の一部を強制的に徴収するものですから，必ず法律にもとづいて行われなければなりません。しかし，成熟した現代社会においてそれは当然のことですので，租税法律主義の現在の機能としては，国民の経済生活に十分な法的安定性と予測可能性を与えるということに重点が置かれています。

　次に租税公平主義について見てみましょう。租税公平主義とは，租税は納税者の担税力に応じて公平に課税されるべきであり，租税法律関係において国民は平等に取り扱われなければならないとする原則です。この規定は，憲法14条1項の平等取扱原則にもとづくもので，同様の状況にあるものには同様の，異なる状況にあるものには状況に応じて異なる取扱いをすべきことを要求するものです。

　租税制度の構築にあたっては，租税の公平性以外に，中立性や効率性，簡素性などが求められ，それらはしばしばトレード・オフの関係になりますが，原則として租税の公平性が優先されるべきであると考えられています。

## (4)　税理士制度

　税理士は，税務に関する専門家として，独立した公正な立場において，申告納税制度の理念にそって，納税義務者の信頼にこたえ，租税に関する法令に規定された納税義務の適正な実現を図ることを使命としています。

### ①　税理士試験

　税理士になるためには，国税審議会が実施している国家試験たる税理士試験を受験し，合格しなければなりません。試験は，次の科目について行われます。
- 会計学に属する科目（簿記論，財務諸表論）の2科目。
- 税法に属する科目（所得税法，法人税法，相続税法，消費税法または酒税法，国税徴収法，住民税または事業税，固定資産税）のうち受験者の選択する3科目。ただし，所得税法または法人税法のいずれか1科目は必ず選択しなけ

ればなりません。

　なお，税理士試験は，科目合格制をとっていますので，一度に全科目合格する必要はなく，何年かかっても所定の5科目に合格すればよいことになっています。

　税理士試験の受験資格は，下記のとおりです。

- 会計学に属する科目

　　受験資格の制限はなく，だれでも受験が可能です。

- 税法に属する科目

　　次の〈主な受験資格〉に掲げたとおり，学識，資格，職歴といった様々な分野の受験資格を定めており，いずれか1つの要件を満たせば，受験資格を有することになります。

　　〈主な受験資格〉

　　a　学識による受験資格

　　　(イ)　大学，短大または高等専門学校を卒業した者で，社会科学に属する科目を1科目以上履修した者

　　　(ロ)　大学3年次以上の学生で社会科学に属する科目を含め62単位以上を取得した者

　　　(ハ)　一定の専修学校の専門課程を修了した者で，社会科学に属する科目を1科目以上履修した者

　　　(ニ)　司法試験合格者

　　　(ホ)　公認会計士試験の短答式試験合格者　　など

　　b　資格による受験資格

　　　(イ)　日本商工会議所主催簿記検定1級合格者

　　　(ロ)　全国経理教育協会主催簿記能力検定試験上級合格者　　など

　　c　職歴による受験資格

　　　下記事務に通算2年以上従事した者

　　　(イ)　法人または事業を営む個人の会計に関する事務

　　　(ロ)　税理士，弁護士，公認会計士等の業務の補助事務

　　　(ハ)　税務官公署における事務またはその他の官公署における国税もしくは地方税に関する事務

㈡ 銀行，信託会社，保険会社等における資金の貸付け，運用に関する
事務 など

② **税理士の業務**

税理士は，他人の求めに応じ，下記の業務を行うことができます。

- 税務代理

納税者の代わりに，税務官公署に対して申告，申請，税務調査の立会や
不服申立てを行います。

- 税務書類の作成

納税者の代わりに，税務官公署に提出する申告書や申請書，不服申立書
等を作成します。

- 税務相談

所得金額や税務の計算など，税に関するさまざまな相談に応じます。

上記3つの業務は，税理士だけが行うことのできる独占業務です。税理士が
行う独占業務以外の仕事としては，会計業務（財務諸表の作成，会計帳簿の記
帳代行など），コンサルティング業務（経営や税に関するアドバイス），出廷陳
述（税務訴訟において補佐人として出廷し陳述すること）などがあります。

# 2 法人税の基礎知識

## (1) 法人税の歴史

所得税は，個人の所得に課せられる租税で，法人税は，法人の所得に課せら
れる租税です。どちらも「所得に対する租税」であり，法人税は所得税の中か
ら発展してきたという歴史的経緯があります。

日本の所得税は明治20年に始まりましたが，当時，法人企業は未発達の状態
でしたので，法人に対する課税はありませんでした。法人所得に対する課税が
始まったのは明治32年で，まずは第一種所得税として所得税法の範疇で課税さ
れることとなりました。

その後，法人企業の発達とともに，法人税の必要性が主張され，昭和15年に

156

は所得税から独立した租税として，**法人税法**が創設されました。それ以来，法人税は，所得税，消費税とともに，重要な基幹税の１つとなっています。

## (2) 法人税の位置づけ

法人の本質をどう捉えるかにより，法人税の位置づけが変わってきます。法人の本質については，従来から**法人擬制説**と**法人実在説**という２つの考え方が対立してきました。

法人擬制説は，法人を株主の集合体にすぎないものとして捉え，法人自体に担税力はないとする考え方です。この考え方によれば，法人を税を課す主体（課税主体という）としては認識しないので，法人税は，株主たる個人に対する所得税の前取りという位置づけになります。

これに対して法人実在説は，法人を株主とは別の実体あるものとして捉え，法人自体に担税力を見出す考え方です。この考え方によれば，法人を株主とは独立した課税主体として認識しますので，法人税は株主たる個人に課せられる所得税とは別に，法人自体に課せられる租税としての位置づけになります。

法人擬制説の考え方によれば，本来なら法人の獲得した利益が株主たる個人に配当された時点で所得税を課せばよいところ，法人段階で法人税も課されるため，同じ利益に対して二度課税されるという**二重課税**の問題が生じます。

法人実在説の考え方によれば，法人は独立した課税主体ですので，法人に対する法人税と株主たる個人への所得税が課されても，二重課税の問題は生じません。

法人税法は，昭和22年のシャウプ勧告（カール・シャウプを団長とする税制使節団が日本の税制に関して行った勧告）以降，法人擬制説に近い立場をとっていますので，二重課税の排除措置が必要であると考えられています。こうした問題は諸外国にもあり，二重課税の排除方法は国により異なるのですが，日本では，配当所得税額控除方式と呼ばれる方法を採用しています。これは，個人株主の受け取った配当の一部を，税額から控除する方法です。また，法人間の配当については，益金不算入制度が設けられています。これをまとめると，図表14-1のようになります。ただし，いずれも二重課税の完全な排除とはなっていません。

図表14-1　二重課税の調整措置

### (3)　納税義務者

　法人税の納税義務者は，法人です。法人は，国内に本店または主たる事務所を有する内国法人と，内国法人以外の外国法人とに区分されます。内国法人は，すべての所得に対して法人税を納める義務があり，外国法人は，日本国内で獲得した所得（国内源泉所得という）についてのみ法人税を納める義務があります。法人の区分については，次のとおり5つに区分されます（本書では，内国法人についてのみ説明します）。

### ①　公共法人

　**公共法人**は，国等の出資により公共の利益を目的として設立されたものや，国または地方公共団体の行うべき事務を代行する目的で設立された公団等です。公共性が強いため，納税義務を負わず，非課税とされています。

### ②　公益法人等

　**公益法人等**は，公益的事業を目的として設立された法人で，配当は禁止され，残余財産（法人が解散することになった場合の，清算手続終了後に残った財産のこと）が分配されるべき特定の資本主等もいません。公益的事業を行っている限り，納税義務は負わず非課税となりますが，営利目的で事業を行った場合，その収益事業から生じた所得については，納税義務を負い，普通税率より低い税率で課税されます。

③　人格のない社団等

　人格のない社団等とは，法人でない社団または財団で，法人格（法律上の人格）を有しておらず，代表者または管理人の定めのあるものをいいます。この場合は，法人とみなして，収益事業から生じた所得に対してのみ納税義務を負います。

④　協同組合等

　協同組合等は，事業目的を協同で達成するために，同じ目的を有する他の個人または法人と協同して設立された法人です。協同組合等は，助け合いの理念にもとづいており，必ずしも営利目的というわけではありませんので，すべての所得に対して納税義務を負うものの，普通税率より低い税率で課税されます。

⑤　普通法人

　普通法人は，①〜④のいずれにも該当しない法人をいいます。法人の大半を

**図表14-2　法人の区分と課税**

| 法人の区分 | 各事業年度の所得に対する課税内容 | 具体例 |
|---|---|---|
| 公共法人 | 非課税 | 地方公共団体，国立大学法人，日本放送協会など |
| 公益法人等 | 収益事業から生じた所得に対してのみ低税率課税 | 学校法人，宗教法人，社会福祉法人，日本赤十字社，日本商工会議所，税理士会，日本公認会計士協会など |
| 人格のない社団等 | 収益事業から生じた所得に対してのみ普通税率課税 | 政党，PTA，同窓会，町内会，学会など |
| 協同組合等 | 低税率課税 | 農業協同組合，消費生活協同組合，信用金庫など |
| 普通法人 | 普通税率課税<br>ただし資本金1億円以下の法人は，所得のうち800万円以下の部分についてのみ低税率課税 | 株式会社，特例有限会社，合資会社，合名会社，合同会社，医療法人，日本銀行など |

占めるのが普通法人で，その代表が株式会社です。普通法人はすべての所得に対して納税義務を負います。納税義務に制限がないことから，無制限納税義務者といわれています。

　これらをまとめたものが図表14-2です。

## (4)　申告納税制度と青色申告制度

　法人税の納税義務は，事業年度（決算日）終了のときに成立します。納税義務が成立したら，次は法人税額の確定手続をしなければなりません。

　通常，納付すべき税額の確定手続には，納税者の申告により税額が確定する**申告納税方式**と租税行政庁により税額が確定する**賦課課税方式**の2つの方法があります。かつて，日本では賦課課税制度が採用されていましたが，昭和22年の税制改正のときに，国税において申告納税制度が採用されました。つまり，国税である法人税は申告納税制度を採用していますので，自ら申告して税額を確定させなければなりません。

　申告納税制度とは，自分の所得を一番よく知る納税者が，自ら納付すべき税額を計算し，自ら申告，納付を行う制度で，極めて民主主義的な制度です。ただし，地方税については，自動車税や固定資産税など申告納税方式にはなじまないものが多いため，今でも賦課課税方式が一般的です。

　賦課課税制度から申告納税制度に転換した当時，納税者は記帳する慣習もないため，適正な申告納税制度などとてもできない状況でした。そこで，昭和25年のシャウプ勧告にもとづき，申告納税制度の普及を目的として，**青色申告制度**を導入しました。青色申告制度とは，日々の経済取引を記帳し，正確な帳簿記録を備え付け，その帳簿記録にもとづいて適正な申告をすれば，種々の特典をあたえるという制度で，税務署長による承認が必要とされる制度です。この青色申告に対するのは白色申告であり，法人の90％以上は青色申告を選択しているのですが，法的には，白色申告が原則，青色申告が例外という位置づけになります。

　そして，法人税における青色申告の特典としては，下記のようなものがあります。

　・欠損金の繰越控除と繰戻還付

- 更正する場合の帳簿書類の調査義務
- 推計課税による更正・決定の制限
- 各種の特別償却
- 各種準備金の設定
- 試験研究費の一定額の税額控除　など

このなかでも，欠損金の繰越控除（税務上の赤字が発生したときに，その赤字を翌期以降に繰り越し，翌期以降の黒字と相殺することで法人税を軽減することができる制度）は，法人にとって魅力的な特典となっています。

## (5)　同族会社

日本の法人においては，税制上有利なため法人形態を選ぶ個人事業主が多く（これを法人成りという），法人の大部分は所有と経営が分離していない中小法人です。こういった少数の株主によって支配されている個人的色彩の強い法人のことを，税務会計上，**同族会社**といいます。

具体的には，株主等の3人以下および株主等の同族関係者（株主等と特殊の関係がある個人および法人）が有する株式総数が，発行株式総数の50％超に相当する会社を，同族会社といいます。つまり，上位の3株主グループがその会社を支配している場合は，同族会社として判定されます。

また，株主等の親族（配偶者，6親等内の血族および3親等内の姻族）や株主等と内縁関係にある者などは同族関係者として取り扱われますので，同族関係者に含まれる範囲はかなり広いものとなっています。つまり，日本の法人の大半を占める中小法人の多くは，同族会社なのです。

同族会社では，個人的色彩が強いため，非同族会社では起こり得ないような租税回避を行いやすい状況にあります。そのため，課税の公平の観点から，同族会社には次のような特別な規定を設けて，租税回避行為の防止を図っています。

①同族会社の行為計算否認規定
②同族会社に対する留保金課税
③同族会社の役員の認定，使用人兼務役員の制限

それでは，この3つの特別な規定について，もう少し詳しくみてみましょう。

### ①　同族会社の行為計算否認規定

法人税法では，以下のように，同族会社の行為計算を否認する規定を設けています。

> 同族会社の行為または計算で，「これを容認した場合には法人税の負担を不当に減少させる結果となると認められるものがあるときは，その行為又は計算にかかわらず，税務署長の認めるところにより，その法人に係る法人税の課税標準若しくは欠損金額又は法人税の額を計算することができる。」（法人税法132条1項）

これは，同族会社において租税回避が行われた場合には，それがたとえ私法上有効な取引であっても税法上は認めず，租税行政庁は正常な行為や計算に引き直して訂正することができるというもので，租税行政庁の「伝家の宝刀」といわれています。ただし，他の規定（個別的否認規定）を適用することが可能な場合には，同族会社の行為計算否認規定を適用するのではなく，個別的否認規定を優先して適用すべきであると考えられています。

### ②　同族会社に対する留保金課税

出資と経営が分離している非同族会社では，利益が生じた場合はすみやかに株主に対して配当が行われますが，同族会社では，利益が生じても株主に配当せず，社内に利益を溜め込む（留保という）ことで，個人たる株主への所得課税を回避しようとしがちです。そのため，課税の公平の観点から，同族会社のなかで一定の条件を満たす同族会社（特定同族会社という）には，社内留保された金額に対し，特別の課税を行う制度があります。それが**留保金課税制度**といわれるものです。

ただし，中小法人にとって，設備投資や研究開発等を行うために利益を内部留保することは必要なことですので，留保金課税が中小法人の発展の阻害要因にならないよう，資本金が1億円以下の中小法人は留保金課税の適用対象外とされています。

### ③　同族会社の役員認定，使用人兼務役員の制限

法人と役員は委任関係にありますが，法人と使用人（いわゆる社員のこと）

は雇用関係にあり，役員と使用人とでは立場が異なります。同族会社の場合には，形式的に使用人であっても，実質的に会社の経営に従事し，次の要件をすべて満たす場合は，役員として取り扱うこととされており，使用人や使用人兼務役員になることはできません。

- その使用人が最初に合計して50％を超える株主グループに属していること。
- その使用人の所属している株主グループの持株割合が10％を超えていること。
- その使用人の持株割合が5％を超えていること。

使用人や使用人兼務役員の肩書をもつ者が，肩書どおりに取り扱われるのかみなし役員として取り扱われるのか，という問題は，後で説明する課税所得の計算に影響します。役員は自分で自らの給与を決めることができることから，使用人に対する給与と異なり，役員給与の損金算入が大きく制限されているのです。

# 3 税務会計の基礎知識

## (1) 課税所得の計算

法人税の課税標準（課税所得のこと）は，各事業年度の所得金額です（法人税法21条）。事業年度とは，法人の財産および損益の計算の単位となる会計期間で，法令や定款（会社等の目的，組織，活動に関する基本規則）などによって定められています。事業年度という概念が必要な理由は，法人税を課すには一定の期間で区切って所得金額を計算する必要があるからで，算出された所得金額に法人税率を掛けて法人税額を計算します。

そして，各事業年度の所得の金額は，その事業年度の**益金の額**から**損金の額**を控除した金額と定められています（法人税法22条1項）。

$$課税所得＝益金の額－損金の額$$

「益金」「損金」という用語は，法人税法独自の固有概念（他の法律でも使用

されている概念は借用概念という）ですが，法律上積極的な定義づけはされていません。法人税法では，別段の定めがあるもの，資本等取引を除いて，次のような収益，費用および損失等が「益金の額」，「損金の額」として挙げられています。

### ①　益金の額

- 資産の販売

　　商品や製品の販売による売上高のことで，収益の代表的なものです。
- 有償または無償による資産の譲渡

　　土地や建物の売却収入は収益です。また，無償で資産を贈与した場合，贈与した法人側にもその資産の時価相当額の収益が生じると考えられています。時価より低い価額で譲渡した場合（低額譲渡という）も同様で，時価と対価との差額である低額部分について収益を認識します。

　　何も対価を得ていないのに収益を認識するというこの考え方は，企業会計にはない税法独自の難解な考え方です。

　　無償取引への課税については，通常，正常な対価で取引を行った法人との課税の公平を考慮して，法人間の競争中立性を確保するために必要であるといわれています。その他にも，無償取引を有償取引と無償の寄付行為という2段階の取引に分けて考え，有償取引段階で得た対価を収益として認識するという考え方もあります。
- 有償または無償による役務の提供

　　役務の提供とは，請負契約にもとづく受取手数料や金銭の貸付契約にもとづく受取利息などです。役務の提供についても資産の譲渡と同じように考えます。
- 無償による資産の譲受け

　　無償で資産を譲り受けた場合は，時価相当額を受贈益として益金に算入します。これは，上記の無償による資産の譲渡の場合と異なり，感覚的に理解しやすいでしょう。
- その他の取引

　　債務免除益などがあります。

② **損金の額**

• 売上原価等

　収益に対応する売上原価等で，企業会計でいう個別的な「費用収益対応の原則」が前提にあります。

• 費用

　収益に対応する販売費，一般管理費等の費用で，これらは個別の収益と対応させることが困難なので，企業会計でいう期間的な「費用収益対応の原則」が前提となっています。また，費用の恣意的な計上によって税負担を不当に減少させることを防止するため，債務の確定したものに限り損金算入が認められます。これを債務確定主義といい，債務の確定とは，次の要件を満たすものです。

　　㈠　当該費用に係る債務が成立していること。

　　㈡　当該債務にもとづいて具体的な給付をすべき原因となる事実が発生していること。

　　㈢　その金額を合理的に算定することができるものであること。

　　費用収益対応の原則から原価配分により内部計算で算定される減価償却費等は別として，費用の見越計上や引当金といった債務の確定しないものは，「別段の定め」がない限り，損金に算入することができません。

• 損失

　個別的にも期間的にも収益との対応関係がない偶発的，臨時的な支出です。たとえば，災害，盗難，貸倒れによる損失などがあります。

③ **資本等取引**

「益金の額」や「損金の額」の計算の際には，資本等取引に係るものは除外されます。資本等取引とは，次の2つの取引を指します。

• 法人の資本金等の額の増加または減少を生ずる取引
• 法人が行う利益または剰余金の分配

　つまり，課税所得の計算において増資や減資は益金の額，損金の額として認識しませんし，株主への配当は損金の額にはなりません。

## (2)　公正処理基準：企業会計との関係

　法人税法では，課税所得を計算する際の益金の額，損金の額に算入すべき金額は，「一般に公正妥当と認められる会計処理の基準」に従って計算されるものと規定されています（法人税法22条4項）。これは課税所得の計算が企業会計を前提としていることを示した規定で，**公正処理基準**といわれています。この規定は，企業利益と課税所得の概念や計算構造が類似しているため，法人税法では企業会計に関する計算原理規定は除外して必要最小限度の税法独自の計算原理を規定するという考え方にもとづき，昭和42年に税制簡素化の一環として導入されたものです。

　「一般に公正妥当な会計処理の基準」とは，具体的には，企業会計原則，会社法や金融商品取引法の規定，その他確立した会計慣行を含む概念であるとされていますが，明確ではなく，現在でも様々な見解があります。

## (3)　別段の定め

　課税所得は公正処理基準にもとづき計算されますが，企業会計にすべて依拠しているわけではありません。公正処理基準では解決できない項目や，課税の公平，政策的配慮などから税法独自の取扱いをすべき項目については，法人税法や租税特別措置法の中に**別段の定め**として規定を置いています。

　「別段の定め」がない限りは，課税所得の計算は企業会計に準拠して行われますので，税務会計で学ぶことの中心は，この「別段の定め」ということになります。

## (4)　確定決算主義

　上記したように，課税所得の計算における益金の額，損金の額は，「一般に公正妥当と認められる会計処理の基準」にもとづいて算出されます。同じように，会社法においても，「株式会社の会計は，一般に公正妥当と認められる企業会計の慣行に従うものとする」（会社法431条）と規定されており，税務会計も会社法会計も企業会計を前提としています。

　また，法人税法74条では，法人は，各事業年度終了の日の翌日から2カ月以

内に，確定した決算にもとづいて申告書を提出しなければならないと規定されています。ここでいう「確定した決算」とは，株主総会などの最高意思決定機関の承認を受けた会社法上の決算のことです。つまり，課税所得は，会社法上の確定決算利益である企業利益を基礎として，税法上の「別段の定め」にもとづく調整を行い，誘導的に算出されるものであり，これを**確定決算主義**といいます。

確定決算主義は，企業利益と課税所得の概念や計算構造が類似していることから，それぞれ基礎から計算すれば二度手間がかかるところ，企業会計上の利益を出発点として税法上の調整を加えて課税所得を算出すればその分のコストを削減できる，という便宜的な理由により採用されたものです。

### 図表14-3 企業会計と税務会計の関係

〈企業会計〉 企業利益 ＝ 収益 － 費用

⇩　　　⇩　税務上の調整

〈税務会計〉 課税所得 ＝ 益金 － 損金

### (5) 損金経理と逆基準性の問題

**損金経理**とは，法人がその確定した決算において費用または損失として経理することをいいます（法人税法2条25号）。法人税法上，損金の額に算入するにあたって，この損金経理を要件としている項目が多々あります。つまり，企業会計上，費用または損失として経理した金額に限り，税務会計上も損金の額に算入することができるという制度で，法人の意思は株主等の意思を反映した確定決算における処理で判断すべきであるという考えにもとづいています。

法人税法では，損金経理を要件とする確定決算主義を採用しているため，法人は企業の財政状態を適正に表すことよりも，法人税のことを念頭においた会計を行いがちです。税務会計は企業会計を基礎としていますが，実際は税務会計が企業会計に強く影響を及ぼしており，これは**逆基準性**の問題として認識されています。

## (6)　税務調整

　課税所得は，企業利益を出発点として，税務上の調整を加えて計算されます。この税法上の調整を**税務調整**といい，税務調整には**決算調整**と**申告調整**があります。

　そして，企業会計上の費用や損失等については，そのまますべてを課税所得の計算上，損金の額として認めてしまうと，課税の公平の観点から問題がありますので，多くの規定により制限をかけています。

### ①　決算調整

　**決算調整**とは，課税所得の計算において益金の額または損金の額に算入するために，法人が決算の段階で収益あるいは費用や損失等として会計処理する手続のことです。

　決算調整は任意ですが，申告書上だけで調整することは認められません。具体的には，たとえば，次のような事項があります。

- 減価償却資産の償却費の損金算入
- 繰延資産の償却費の損金算入
- 引当金繰入額の損金算入　など

　特に，損金の額に算入するために確定決算において費用または損失として処理すること（損金経理）は，法人にとって税負担の軽減という観点から重要です。

### ②　申告調整

　**申告調整**とは，決算段階で調整する必要はなく，申告書上だけで調整する事項をいい，任意事項と必須事項とに分かれます。

　任意的申告調整は，法人が自ら申告書上で調整を行った場合にのみ適用されるもので，次のような事項があります。

- 受取配当等の益金不算入
- 災害による繰越欠損金の損金算入

168

- 所得税額および外国税額の税額控除　など

　必須的申告調整は，法人の申告調整の有無に関係なく，税務上必ず益金算入，損金算入等を行わなければならないもので，次のような事項があります。
- 減価償却費の償却限度超過額の損金不算入
- 過大役員給与の損金不算入
- 法人税額等の損金不算入
- 引当金の繰入限度超過額の損金不算入
- 交際費等の損金不算入　など

　そして次のような手続により，企業利益に加算・減算をして，課税所得を計算します。
- 益金算入

　　企業会計上は収益に該当しないのですが，課税所得の計算上は益金の額に算入するもので，確定決算利益（当期純利益）に加算します。
- 益金不算入

　　企業会計上は収益に該当しますが，課税所得の計算上は益金の額に算入しないもので，確定決算利益（当期純利益）に減算します。

**図表14-4　益金と収益の関係**

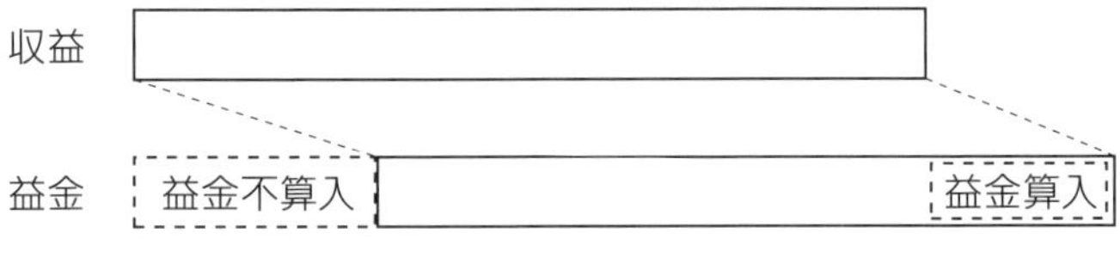

| 収益 | |
|---|---|

| 益金 | 益金不算入 | | 益金算入 |

- 損金算入

　　企業会計上は原価，費用，損失に該当しませんが，課税所得の計算上は損金の額に算入するもので，確定決算利益（当期純利益）に減算します。
- 損金不算入

　　企業会計上は原価，費用，損失に該当しますが，課税所得の計算上は損金の額に算入しないもので，確定決算利益（当期純利益）に加算します。

**図表14-5　損金と費用の関係**

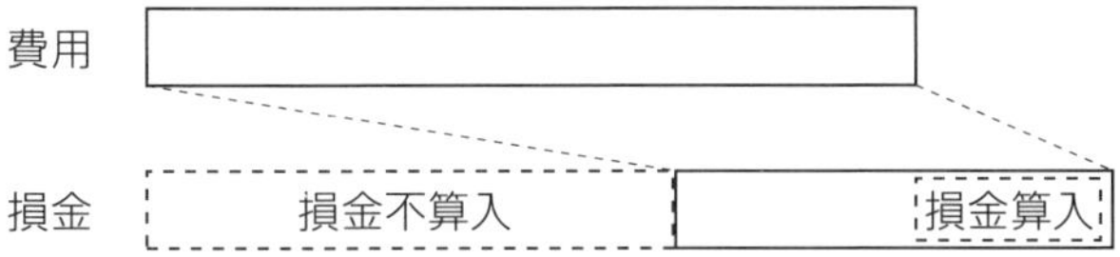

費用

損金　損金不算入　損金算入

申告調整の具体的事項を一覧にしたものが図表14-6です。

**図表14-6　申告調整の具体的事項**

| | 確定決算利益（当期純利益）に対する調整 | 具体的事項 |
|---|---|---|
| 益金算入 | 加算 | 外国税額控除の益金算入　など |
| 益金不算入 | 減算 | 受取配当等の益金不算入<br>還付金等の益金不算入　など |
| 損金算入 | 減算 | 青色申告における繰越欠損金の損金算入　など |
| 損金不算入 | 加算 | 交際費等の損金不算入<br>減価償却資産の償却限度超過額の損金不算入<br>過大役員給与の損金不算入　など |

　これをまとめると，次のような算式になります。このように，企業会計上の利益と税務会計上の所得は必ずしも一致しません。

$$課税所得 = 当期純利益 + \begin{pmatrix} 益金算入 \\ 損金不算入 \end{pmatrix} - \begin{pmatrix} 益金不算入 \\ 損金算入 \end{pmatrix}$$

### (7)　法人税申告書

　企業会計上の利益に税法上の調整を行い，課税所得や法人税額を算出すると，次に行うのは確定申告です。実際に税務行政庁に提出する申告書は，**法人税申告書**といい，計算項目ごとに多くの別表（明細表）で構成されています。
　そのなかで特に重要なものは，**別表1**（各事業年度の所得にかかる申告書）

と**別表**4（所得の金額の計算に関する明細書）です。別表1は，法人の基本情報や最終的な法人税額を記載した表で，別表4は，企業会計上の利益に税法上の調整を加えて課税所得を計算するプロセスを示した表です。この別表1，4のひな型は図表14-7，14-8のとおりです。

図表14-7　別表1：各事業年度の所得にかかる申告書

令和　年　月　日

税務署長殿

納税地

電話（　　　）　　－

（フリガナ）

法人名

法人番号

（フリガナ）

代表者

代表者住所

通算グループ整理番号

通算親法人整理番号

法人区分

事業種目

期末現在の資本金の額又は出資金の額

同上が1億円以下の普通法人のうち中小法人に該当しないもの

非中小法人

同非区分

旧納税地及び旧法人名等

添付書類

青色申告　一連番号

整理番号

事業年度（至）

売上金額

申告年月日

通信日付印　確認　庁指定　局指定　指導等　区分

申告区分

法人税　地方法人税

別表一　各事業年度の所得に係る申告書－内国法人の分……令四・四・一以後終了事業年度等分

令和　　年　　月　　日

令和　　年　　月　　日

事業年度分の法人税　申告書
課税事業年度分の地方法人税　申告書

（中間申告の場合の計算期間　令和　年　月　日　令和　年　月　日）

適用額明細書提出の有無　有

税理士法第30条の書面提出有　有

税理士法第33条の2の書面提出有　有

| この申告書による法人税額の計算 | 項目 | No. | 金額 | | この申告書による法人税額の計算 | 項目 | No. | 金額 |
|---|---|---|---|---|---|---|---|---|
| | 所得金額又は欠損金額（別表四「52の①」） | 1 | | | 控除税額の計算 | 所得税の額（別表六(一)「6の③」） | 16 | |
| | 法人税額（52）+（53）+（54） | 2 | | | | 外国税額（別表六(二)「24」） | 17 | |
| | 法人税額の特別控除額（別表六(六)「5」） | 3 | | | | 計（16）+（17） | 18 | |
| | 税額控除超過額相当額等の加算額 | 4 | | | | 控除した金額（12） | 19 | |
| | 土地譲渡税額 課税土地譲渡利益金額 | 5 | 000 | | | 控除しきれなかった金額（18）－（19） | 20 | |
| | 同上に対する税額（74）+（75）+（76） | 6 | | | この申告による還付金額 | 所得税額等の還付金額（20） | 21 | |
| | 留保金 課税留保金額（別表三(一)「4」） | 7 | 000 | | | 中間納付額（14）－（13） | 22 | |
| | 同上に対する税額（別表三(一)「8」） | 8 | | | | 欠損金の繰戻しによる還付請求税額 | 23 | |
| | 法人税額計（2）－（3）+（4）+（6）+（8） | 9 | | | | 計（21）+（22）+（23） | 24 | |
| | 分配時調整外国税相当額及び外国関係会社等に係る控除対象所得税額等相当額（別表六(五の二)「7」+別表十七(三の十二)「3」） | 10 | | | この申告が修正申告である場合 | この申告前の所得金額又は欠損金額（59） | 25 | |
| | 仮装経理に基づく過大申告の更正に伴う控除法人税額 | 11 | | | | この申告により納付すべき法人税額又は減少する還付請求税額 | 26 | 00 |
| | 控除税額（(9)－(10)－(11)）と(18)のうち少ない金額 | 12 | | | | 欠損金又は災害損失金等の当期控除額（別表七(一)「4の計」+（別表七(四)「10」） | 27 | |
| | 差引所得に対する法人税額（9）－（10）－（11）－（12） | 13 | | | | 翌期へ繰り越す欠損金又は災害損失金（別表七(一)「5の合計」） | 28 | |
| | 中間申告分の法人税額 | 14 | | | | | | |
| | 差引確定／中間申告の場合はその法人税額　税額とし、マイナスの（13）－（14）　場合は、（22）へ記入 | 15 | 00 | | | | | |
| この申告書による地方法人税額の計算 | 所得の金額に対する法人税額（(2)－(3)+(4)+(6)+(9の外書)） | 29 | | | この申告による還付金額 | 外国税額の還付金額（79） | 42 | |
| | 課税留保金額に対する法人税額（8） | 30 | | | | 中間納付額（40）－（39） | 43 | |
| | 課税標準法人税額（29）+（30） | 31 | 000 | | | 計（42）+（43） | 44 | |
| | 地方法人税額（57） | 32 | | | この申告が修正申告である場合 | 所得の金額に対する法人税額（67） | 45 | |
| | 税額控除超過額相当額の加算額（別表六(二)付表六「14の計」） | 33 | | | | 課税留保金額に対する法人税額（68） | 46 | |
| | 課税留保金額に係る地方法人税額（58） | 34 | | | | 課税標準法人税額（69） | 47 | 000 |
| | 所得地方法人税額（32）+（33）+（34） | 35 | | | | この申告により納付すべき地方法人税額（73） | 48 | 00 |
| | 分配時調整外国税相当額及び外国関係会社等に係る控除対象所得税額等相当額（別表六(五の二)「8」+別表十七(三の十二)「4」） | 36 | | | | | | |
| | 仮装経理に基づく過大申告の更正に伴う控除地方法人税額 | 37 | | | 剰余金・利益の配当（剰余金の分配）の金額 | | | |
| | 外国税額の控除額（((35)－(36)－(37)）と(79)のうち少ない金額） | 38 | | | 残余財産の最後の分配又は引渡しの日 | 令和　年　月　日　決算確定の日　令和　年　月　日 | | |
| | 差引地方法人税額（35）－（36）－（37）－（38） | 39 | 00 | | 還付を受けようとする金融機関等 | 銀行　本店・支店　金庫・組合　出張所　農協・漁協　本所・支所　預金　郵便局名等 | | |
| | 中間申告分の地方法人税額 | 40 | 00 | | | 口座番号　　ゆうちょ銀行の貯金記号番号 | | |
| | 差引確定／中間申告の場合はその地方法人税額（税額とし、マイナスの（39）－（40）　場合は、（43）へ記入 | 41 | 00 | | | ※税務署処理欄 | | |

税理士署名

172

## 図表14-8　別表4：所得の金額の計算に関する明細書

所得の金額の計算に関する明細書（簡易様式）

| 事業年度 | ・ ・／・ ・ | 法人名 | |

別表四（簡易様式）令四・四・一以後終了事業年度分

| 区　分 | | 総　額 | 処　　　分 | | |
|---|---|---|---|---|---|
| | | | 留　保 | 社 外 流 出 | |
| | | ① | ② | ③ | |
| 当期利益又は当期欠損の額 | 1 | 円 | 円 | 配　当 | 円 |
| | | | | その他 | |
| 加 | 損金経理をした法人税及び地方法人税（附帯税を除く。） | 2 | | | | |
| | 損金経理をした道府県民税及び市町村民税 | 3 | | | | |
| | 損金経理をした納税充当金 | 4 | | | | |
| | 損金経理をした附帯税（利子税を除く。）、加算金、延滞金（延納分を除く。）及び過怠税 | 5 | | | その他 | |
| | 減価償却の償却超過額 | 6 | | | | |
| | 役員給与の損金不算入額 | 7 | | | その他 | |
| | 交際費等の損金不算入額 | 8 | | | その他 | |
| 算 | 通算法人に係る加算額（別表四付表「5」） | 9 | | | 外※ | |
| | | 10 | | | | |
| | 小　　計 | 11 | | | 外※ | |
| 減 | 減価償却超過額の当期認容額 | 12 | | | | |
| | 納税充当金から支出した事業税等の金額 | 13 | | | | |
| | 受取配当等の益金不算入額（別表八（一）「13」又は「26」） | 14 | | | ※ | |
| | 外国子会社から受ける剰余金の配当等の益金不算入額（別表八（二）「26」） | 15 | | | ※ | |
| | 受贈益の益金不算入額 | 16 | | | ※ | |
| | 適格現物分配に係る益金不算入額 | 17 | | | ※ | |
| | 法人税等の中間納付額及び過誤納に係る還付金額 | 18 | | | | |
| | 所得税額等及び欠損金の繰戻しによる還付金額等 | 19 | | | ※ | |
| 算 | 通算法人に係る減算額（別表四付表「10」） | 20 | | | ※ | |
| | | 21 | | | | |
| | 小　　計 | 22 | | | 外※ | |
| 仮　計　(1)+(11)-(22) | 23 | | | 外※ | |
| 対象純支払利子等の損金不算入額（別表十七（二の二）「29」又は「34」） | 24 | | | その他 | |
| 超過利子額の損金算入額（別表十七（二の三）「10」） | 25 | △ | | ※ | △ |
| 仮　計　((23)から(25)までの計) | 26 | | | 外※ | |
| 寄附金の損金不算入額（別表十四（二）「24」又は「40」） | 27 | | | その他 | |
| 法人税額から控除される所得税額（別表六（一）「6の③」） | 29 | | | その他 | |
| 税額控除の対象となる外国法人税の額（別表六（二の二）「7」） | 30 | | | その他 | |
| 分配時調整外国税相当額及び外国関係会社等に係る控除対象所得税額等相当額（別表六（五の二）「5の②」+別表十七（三の六）「1」） | 31 | | | その他 | |
| 合　計　(26)+(27)+(29)+(30)+(31) | 34 | | | 外※ | |
| 中間申告における繰戻しによる還付に係る災害損失欠損金額の益金算入額 | 37 | | | ※ | |
| 非適格合併又は残余財産の全部分配等による移転資産等の譲渡利益額又は譲渡損失額 | 38 | | | ※ | |
| 差　引　計　(34)+(37)+(38) | 39 | | | 外※ | |
| 更生欠損金又は民事再生等評価換えが行われる場合の再生等欠損金の損金算入額（別表七（三）「9」又は「21」） | 40 | △ | | ※ | △ |
| 通算対象欠損金額の損金算入額又は通算対象所得金額の益金算入額（別表七の二「5」又は「11」） | 41 | | | ※ | |
| 差　引　計　(39)+(40)±(41) | 43 | | | 外※ | |
| 欠損金又は災害損失金等の当期控除額（別表七（一）「4の計」+別表七（四）「10」） | 44 | △ | | ※ | △ |
| 総　計　(43)+(44) | 45 | | | 外※ | |
| 残余財産の確定の日の属する事業年度に係る事業税及び特別法人事業税の損金算入額 | 51 | △ | △ | | |
| 所得金額又は欠損金額 | 52 | | | 外※ | |

### 御注意

2　沖縄の認定法人の課税の特例等の規定の適用を受ける法人にあっては、別様式による別表四を御使用ください。

1　「52」の「①」欄の金額は、「②」欄の金額に「③」欄の本書の金額を加算し、これから「※」の金額を加減算した額と符合することになります。

簡

# 第15章　公会計・非営利会計

<学習のポイント>

1. 公会計・非営利会計はなぜ必要なのか？

　　国，地方公共団体，独立行政法人および公益企業などの公的部門は，公共の福祉を目的として様々な公共サービスを提供しています。公益法人や社会福祉法人などの非営利組織は，公益または共益に資することを目的として様々な公共的・社会的サービスを提供しています。これらの公的部門および非営利組織は利益を得ることを目的としていないため，利益を報告することに主眼をおく企業会計をそのまま適用することは適切ではありません。そこで，企業会計とは異なる公会計・非営利会計が必要とされるのです。

2. 国・地方公共団体の伝統的な会計とは？

　　国・地方公共団体の会計は，伝統的に，収入および支出を記録し，報告してきました。このような会計は，予算およびその執行を厳格に管理するために適していると考えられており，各国の政府でも伝統的に用いられてきたものです。しかし，このような伝統的な会計には，資産や負債などのストック情報や，費用や収益などのフロー情報を把握することができないという欠点があります。

3. 国・地方公共団体の会計改革とは？

　　近年，各国で財政危機や財政悪化が生じたことをきっかけとして，財政の透明化や政府のマネジメント機能の強化を図るために，政府に企業会計の手法（複式簿記・発生主義会計）を導入する動きが広まってきました。このような国際的な流れを受けて，日本でも，国および地方公共団体の財務諸表が作成され，公表されるようになりました。また，国および地方公共団体でも，資産や負債などのストック情報や，費用や収益などのフロー情報が利用できるようになり，これらの情報は行政運営に活用され始めています。

# 1 │ 公会計とは何か

## (1) 公的部門の会計

　国，地方公共団体，独立行政法人および公益企業などは，一般に公的部門（public sector）とよばれます。そして，この公的部門の会計のことを**公会計**といいます。

　第14章まででみてきた企業会計は営利企業を対象としています。営利企業は，利益を得ることを目的としているため，企業会計は利益を適切に報告することに主眼をおきます。これに対して，公的部門は，公共の福祉を目的として，防衛，社会保障，交通，教育，医療，環境，文化等の様々な分野における公共サービスを提供しています。たとえば，国防，失業保険・医療保険制度，道路・橋・ダムなどの建設，学校，警察，消防，ごみ処理などです。このような公共サービスは，利益を得ることを目的として行われているわけではないので，公的部門に企業会計をそのまま適用することは適切ではありません。そこで，企業会計とは異なる公会計が必要とされるのです。

　公会計の中心は国および地方公共団体の会計なので，本章では国および地方公共団体の会計についてみていきたいと思います。

## (2) 国・地方公共団体の伝統的な会計

　国および地方公共団体は，税金を徴収して，それをもとに公共サービスを提供しています。これらの活動は，すべて毎会計年度の**予算**に従って行われています。国の場合，内閣が毎会計年度の予算を作成し，国会に提出します。そして，国会での審議を受け，議決を経ることで予算が成立します。地方公共団体の場合も同様に，地方公共団体の長が毎会計年度の予算を作成し，議会に提出します。そして，議決を経ることで予算が成立します。こうして成立した予算は，拘束力のある文書となります。予算によって，国および地方公共団体は，公共サービスを提供するために公金を支出する権限が与えられます。とくに，歳出予算には強力な力があるので，歳出予算を超えて支出をすることは許され

ません。なお，家計や企業でも予算を作成しますが，これらはいつでも自由に
変更できるので拘束力のある文書とはいえません。

　歳入予算は，法人税や消費税等（地方公共団体の場合は，都道府県民税や事
業税等）の項目ごとの収入額を記載して作成されます。歳出予算は，社会保障
関係費，国債費，防衛関係費等（地方公共団体の場合は，警察費や教育費等）
の項目ごとに支出額を記載して作成されます。

　**決算**は，予算執行の実績です。決算は，予算と同一の区分で作成することに
なっています。したがって，決算は，予算に対応するように，各歳入・歳出項
目について作成されます。図表15-1は，歳出決算書の「教育費」に含まれる
「高等学校費」の内訳項目「学校管理費」を例示したものです。

### 図表15-1　歳出決算書の例

（単位：千円）

| | 予　算 | 決　算 |
|---|---|---|
| (款)教育費 | 50,000,000 | 49,980,000 |
| 　(項)高等学校費 | 18,000,000 | 17,850,000 |
| 　　(目)学校管理費 | 1,500,000 | 1,440,000 |
| 　　　(節)　報酬 | 300,000 | 300,000 |
| 　　　　　職員手当等 | 100,000 | 100,000 |
| 　　　　　役務費 | 100,000 | 90,000 |
| 　　　　　工事請負費 | 500,000 | 480,000 |
| 　　　　　備品購入費 | 300,000 | 290,000 |
| 　　　　　委託料 | 200,000 | 180,000 |

## (3)　国・地方公共団体の会計改革

　上記でみたように，国および地方公共団体の会計は，伝統的に，収入および
支出を記録し，報告してきました。このような会計は，予算およびその執行を
厳格に管理するために適していると考えられており，各国の政府で伝統的に用
いられてきました。しかし，現金の「入」と「出」を記録するのみであるため，
資産や負債などのストック情報や，費用や収益などのフロー情報を把握するこ
とができないという欠点があります。

　近年，各国で財政危機や財政悪化が生じたことをきっかけとして，財政の透明化や政府のマネジメント機能の強化を図るために，政府に，複式簿記や発生主義会計といった企業会計の手法を導入する動きが広まってきました。このような国際的な流れを受けて，日本でも，平成15年度決算分より，国の財務書類が作成，公表されるようになりました。国の財務書類は，企業会計の手法を参考に，国全体の資産や負債などのストックの状況や，収益や費用などのフローの状況をわかりやすく開示するものです。地方公共団体では，東京都が他の団体に先駆けて，平成11年に貸借対照表を試作し，平成19年度より財務諸表を公表しています。平成29年度以降，すべての地方公共団体で財務諸表が作成され，公表されています。

　図表15-2は，東京都の貸借対照表（概要）です。貸借対照表は，会計年度末における東京都の財政状態を明らかにします。

### 図表15-2　東京都の貸借対照表（概要）

(令和3年3月31日現在)

(単位：億円)

| 資産の部 | | 負債の部 | |
|---|---|---|---|
| 　流動資産 | 15,800 | 　流動負債 | 4,548 |
| 　固定資産 | 339,419 | 　固定負債 | 62,364 |
| | | 負債の部合計 | 66,912 |
| | | 正味財産の部 | |
| | | 　正味財産 | 288,308 |
| | | 正味財産の部合計 | 288,308 |
| 資産の部合計 | 355,220 | 負債及び正味財産の部 | 355,220 |

(出所)　令和2年度東京都の財務諸表（概要版）をもとに作成。

　図表15-3は，東京都の行政コスト計算書（概要）です。**行政コスト計算書**は，企業会計の損益計算書に該当します。第8章で説明したように，企業会計の損益計算書では，経営の成果である収益と，経営の努力である費用の差額から利益を表示します。したがって，利益は企業経営の結果を明らかにします。これに対して，行政コスト計算書では，東京都の行政活動で得た収益（税収，

使用料および手数料等）と行政活動で発生した費用（給与，扶助費・補助費等）の差額を表示します。東京都の提供する公共サービスにかかったコストは，東京都にとっては行政費用ですが，これらの公共サービスを受けている都民にとっては便益です。そして，東京都の得る税収等は，東京都にとっては行政収益ですが，都民にとっては負担です。したがって，行政コスト計算書は，都民の受益と負担の関係を明らかにするものであるともいえます。図表15-3の行政コスト計算書は，都民が公共サービスを通して受けた便益（受益）よりも多くの負担をしたことを示しています。受益を上回った負担（今年度に使われなかった税収等）は，次年度以降の東京都の公共サービスの提供に充てられることになります。したがって，当年度の納税者等が次年度以降の納税者等の負担を肩代わりしている状態であるといえます。反対に，受益よりも負担が少ない場合には，その足りない分を補うために，これまでに蓄積された資源が充当されるか，公債が発行されることによって次年度以降の納税者等の負担となります。したがって，行政コスト計算書は，現在世代の受益と負担のバランスを知るうえで重要なものです。

**図表15-3　東京都の行政コスト計算書（概要）**

（自令和2年4月1日　至令和3年3月31日）

（単位：億円）

| 都民の受益 | 行政費用 | 94,543 | 行政収益 | 94,483 | 都民の負担 |
|---|---|---|---|---|---|
| | 金融費用 | 538 | 金融収益 | 138 | |
| | 特別費用 | 301 | 特別収益 | 1,019 | |
| | 当期差額 | 258 | | | |

（出所）令和2年度東京都の財務諸表（概要版）を一部修正・加筆して作成。

## 2 公会計情報の活用

国および地方公共団体に企業会計の手法が導入されたことから，資産や負債などのストック情報や，費用や収益などのフロー情報を把握することができるようになりました。これらの情報は様々な分野で活用され始めています。ここ

では，いくつかの事例を紹介したいと思います。

## (1) 財務分析

公会計の分野でも，継続して財務諸表を作成し，他期間や他団体との指標の比較を通じた財務分析を行うことにより，様々な傾向を明らかにすることができます。ここでは，例として2つの指標を紹介します。

### ・有形固定資産減価償却率（老朽化比率）

有形固定資産減価償却率（老朽化比率）は，償却資産の取得価額に対する減価償却累計額の割合で算出します。この指標は，耐用年数に対して資産の取得からどの程度経過しているのかを全体として把握するのに役立ちます。この指標の値が大きいほど，資産の減価償却が進んでいる（老朽化している）といえます。

$$\text{有形固定資産減価償却率（老朽化比率）} = \frac{\text{減価償却累計額}}{\text{有形固定資産合計－土地等の非償却資産＋減価償却累計額}}$$

### ・正味財産比率

正味財産比率は，資産合計に対する正味財産の割合で算出します。この指標の変動をみれば，現在世代と将来世代の負担の関係（この関係のことを「世代間の公平性」といいます）がどのように変動したのかを把握することができます。行政コスト計算書のところで説明したように，現在世代が受益よりも少ない負担しかしていなければ，その足りない分を補うために，これまでに蓄積された資源が充当されるか，公債が発行されることによって次年度以降の納税者等の負担となります。このとき，行政コスト計算書の当期差額はマイナスとなるので，貸借対照表の正味財産は減少します。反対に，現在世代が受益よりも多く負担していれば，その余った分は次年度以降の公共サービスの提供に充てられることになります。このとき，行政コスト計算書の当期差額はプラスとなるので，貸借対照表の正味財産は増加します。したがって，正味財産比率の変動をみれば，現在世代が将来世代に負担を転嫁しているのか，それとも，現在

世代が将来世代のために資源を蓄積しているのか，その傾向を知ることができます。

$$正味財産比率 = \frac{正味財産}{資産合計}$$

## (2) 公共料金の設定

　市民センター，体育館，プールなどの公共施設を維持管理し，運営するためには，施設の維持管理費用や人件費などの経費がかかります。また，役所で証明書発行等のサービスを提供するためにも同様に経費がかかります。これらの行政サービスを提供するための経費は，サービスを利用する人が負担する使用料や手数料等と，税金によって賄われています。つまり，行政サービスを利用しない人も，税金の支払いを通じて，行政サービスの経費を一部負担しています。そのため，行政サービスを利用する人と利用しない人の負担の公平性を図るために，行政サービスを利用する人が**公共料金**という対価を負担しています。公共料金の設定にあたっては，第11章で学習した原価計算の考え方が適用されています。

　図表15-4は，市営プール1人当たりの使用料金の決め方の概要を示しています。まず，原価計算の考え方を用いて，市営プールの維持管理・運営にかかる人件費，水道光熱費，減価償却費などの諸経費を集計し，それを市営プールの利用人数で割ることによって，市営プールにかかる1人当たりの原価を計算します。そして，受益者負担割合（この場合，50%）を，市営プールにかかる1人当たりの原価に乗じることによって1人当たりの使用料金を計算します。

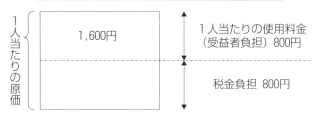

**図表15-4　市営プール1人当たりの使用料金**

なお，受益者負担割合は，行政サービスの必需性と民間施設の代替性を考慮し，行政サービスごとに決定されます。

## (3) 行政評価

　近年では，国や地方公共団体の財政悪化を背景として，行政サービスにおいても，限られた資源で高いパフォーマンス（成果）を実現することが期待されるようになりました。利益を得ることを最大の目的とする営利企業では，利益がもっとも重要な指標となりますが，利益を得ることを目的としていない公的部門では，３Ｅといわれる「Economy（経済性）」，「Efficiency（効率性）」，「Effectiveness（有効性）」という３つの指標等によって，事業が評価され，業務の改善に生かされています。それを**行政評価**といいます。そこでは，第12章で学習した管理会計の考え方が適用され，財務的情報と非財務的情報を組み合わせることによって事業評価に活用されています。

　図表15-5は，市内にある３つの図書館について３Ｅの観点から評価を行った例を示しています。１㎡当たりコストを比べてみると，A図書館がもっとも小さく，経済性が高いのに対して，反対に，B図書館はもっとも大きく，経済性が低くなっています。貸出１冊当たりコストを比べてみると，A図書館がもっとも小さく，効率性が高いのに対して，反対に，B図書館はもっとも大きく，効率性が低くなっています。１日当たり貸出冊数を比べてみると，A図書

**図表15-5　図書館事業の評価**

|  | A図書館 | B図書館 | C図書館 |
|---|---|---|---|
| 行政費用合計（千円） | 30,000 | 67,500 | 40,000 |
| 延床面積（㎡） | 200 | 300 | 200 |
| １㎡当たりコスト（円） | 150,000 | 225,000 | 200,000 |
| 年間貸出冊数（冊） | 300,000 | 150,000 | 200,000 |
| 貸出１冊当たりコスト（円） | 100 | 450 | 200 |
| 開館日数（日） | 240 | 240 | 240 |
| １日当たり貸出冊数 | 1,250 | 625 | 833 |

館がもっとも多く，有効性が高いのに対して，反対に，Ｂ図書館はもっとも少なく，有効性が低くなっています。このような評価結果は，Ｂ図書館の在り方や業務の改善等に生かされることになります。

## 3 ┃ 非営利会計とは何か

### (1) 非営利組織の会計

　公益法人，社会福祉法人，学校法人，特定非営利活動法人（NPO法人），医療法人などは，一般に，非営利組織とよばれます。そして，この非営利組織の会計のことを**非営利会計**といいます。

　非営利組織は，その活動を通じて，公益または共益に資することを目的とし，社会に様々な公共的・社会的サービスを提供しています。そのため，非営利組織がその活動を継続することができるよう，法人税などの課税に関して特段の配慮がなされています。

　非営利組織は，国や地方公共団体による助成金や補助金，寄付者からの寄付金などによって運営されています。しかし，利益を得ることを目的としない非営利組織では，非営利組織がその活動を充実させれば，社会に対して多くのサービスを提供することができる一方，コストが多くかかり，活動資金が尽きるリスクが生じてしまいます。そのため，資金提供者や債権者にとっては，非営利組織の財産が適切に維持されているか，またはどのように増減したか，資金繰りの状況に問題はないかなどが重要な関心事となっています。利益を適切に報告することに主眼をおく企業会計では，このような情報ニーズを適切に満たすことはできません。そこで，企業会計とは異なる非営利会計が必要とされるのです。

　例として，公益法人の会計を見てみましょう。図表15-6は，公益法人の貸借対照表（概要）です。貸借対照表は，他の組織と同様に，会計年度末における財政状態を明らかにしますが，正味財産を，指定正味財産とそれ以外のすべての財産を示す一般正味財産に区分表示するという特徴があります。指定正味財産には，寄付者等から受け入れ，寄付者等の意思により当該資産の使途につ

いて制約が課されている財産の額を記載します。また，正味財産と紐づく資産については，資産の部において，基本財産および特定資産として表示します。これにより，公益法人の財産が適切に維持されているかどうかがわかるようになっています。

**図表15-6 公益法人の貸借対照表（概要）**

（令和○年○月○日現在）

（単位：円）

| Ⅰ 資産の部 | | Ⅱ 負債の部 | |
|---|---|---|---|
| 1．流動資産 | ×××  | 1．流動負債 | ××× |
| 2．固定資産 | ×××  | 2．固定負債 | ××× |
| (1) 基本財産 | ×××  | 負債合計 | ××× |
| (2) 特定資産 | ×××  | Ⅲ 正味財産の部 | |
| (3) その他固定資産 | ×××  | 1．指定正味財産 | ××× |
| | | 2．一般正味財産 | ××× |
| | | 正味財産合計 | ××× |
| 資産合計 | ×××  | 負債及び正味財産合計 | ××× |

（出所）　公益法人会計基準および公益法人会計基準の運用指針をもとに作成。

## (2)　非営利組織ごとに異なる会計基準

　日本では，非営利組織ごとに異なる会計基準が適用されています。なぜなら，これまで各組織の所轄官庁がそれぞれの会計基準を設定してきたためです。そして，図表15-7が示すように，非営利組織ごとに財務諸表の体系も異なっています。

　財務諸表を利用するためには会計基準の理解が必要ですが，一般の情報利用者がそれぞれの非営利組織の会計基準についての専門的知識を有することは難しいでしょう。したがって，非営利組織ごとに異なる会計基準が適用され，さらに財務諸表の体系も異なる現在の状況は，情報利用者の利便性を阻害していると考えられます。そこで，日本公認会計士協会は，2019年に非営利組織における財務報告の基礎概念を整理し，それをもとに開発した「非営利組織モデル

図表15-7　財務諸表の体系

| 公益法人 | 社会福祉法人 | NPO法人 | 医療法人 | 学校法人 |
|---|---|---|---|---|
| • 貸借対照表<br>• 正味財産増減計算書<br>• キャッシュ・フロー計算書 | • 貸借対照表<br>• 事業活動計算書<br>• 資金収支計算書 | • 貸借対照表<br>• 活動計算書 | • 貸借対照表<br>• 損益計算書 | • 貸借対照表及びその明細表<br>• 資金収支計算書並びにその内訳表及び活動区分資金収支計算書<br>• 事業活動収支計算書及びその内訳表 |

（出所）　日本公認会計士協会（2013）「非営利組織の会計枠組みの構築に向けて」，
　　　　【表5-2　現行制度における財務諸表等の体系】より一部抜粋。

会計基準」の提案を行いました。このモデル会計基準は，個別の法人形態にその適用を限定せず，非営利組織ごとの会計基準が開発・改訂される際に参照されることを目的として開発されました。モデル会計基準を参照した改訂が実施されていくことを通じて，非営利組織ごとの会計基準の相互整合性が高まることが期待されています。

# 索　引

■編著者紹介（執筆順）

小栗崇資（おぐり・たかし）
執筆担当：第1章〜第4章，第6章〜
第10章
駒澤大学名誉教授

森田佳宏（もりた・よしひろ）
執筆担当：第13章
駒澤大学経済学部教授

■執筆者紹介（執筆順）

李焱（り・えん）
執筆担当：第5章
駒澤大学経済学部准教授

髙野学（たかの・まなぶ）
執筆担当・第11章
駒澤大学経済学部教授

石川祐二（いしかわ・ゆうじ）
執筆担当：第12章
駒澤大学経済学部教授

北口りえ（きたぐち・りえ）
執筆担当：第14章
駒澤大学経済学部教授

栗城綾子（くりき・あやこ）
執筆担当：第15章
駒澤大学経済学部講師

スタートガイド会計学（第2版）

2017年4月1日　第1版第1刷発行
2021年3月15日　第1版第3刷発行
2023年3月1日　第2版第1刷発行

編著者　小　栗　崇　資
　　　　森　田　佳　宏
発行者　山　本　　　継
発行所　㈱中　央　経　済　社
発売元　㈱中央経済グループ
　　　　パブリッシング

〒101-0051　東京都千代田区神田神保町1-31-2
電　話　03（3293）3371（編集代表）
　　　　03（3293）3381（営業代表）
https://www.chuokeizai.co.jp
印刷／東光整版印刷㈱
製本／有井上製本所

©2023
Printed in Japan